Statistics

統計學

傅懷慧　編著

第 **2** 版

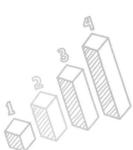

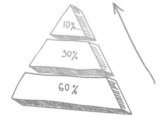

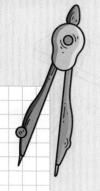

二版序

「統計學 Statistics」是門生活科學。

絕對不是死背公式、套公式來計算求解，而是從了解它、應用它、到喜歡它，自然而然地寫出所需的公式，並求算出心中渴望知道的答案，因此『快樂學統計、輕鬆用統計』是此書籍編撰目的。

書籍內容設計以生活周遭事務為主，搭配小秘笈幫助讀者理解公式真正含意，讀者亦可透過作者精心規劃的活動單元，實際操作演練，必然可以從生活中應證統計學原理。如下為六個活動單元，分別安插在單元進度中：

活動一、『生活周遭人、事、物』的統計數值

活動二、穩賺不賠的『擺攤活動』設計

活動三、台灣『重大事件』possion 機率值估算

活動四、『中央極限定理』試驗

活動五、『大小青蛙跳遠比賽』兩個母體平均差的推估

活動六、『男生女生食量 PK 賽』兩個母體平均差的檢定

此六個活動單元以小組團隊合作方式進行，依照活動說明，進行討論、試驗、資料收集、統計分析，進而解開欲知的現象。期盼能『做中學，學中做』，顛覆讀者對統計的刻板印象，激發讀者對統計的學習熱情。

第二版部分更新了課文的範例題與章後習題，讀者可藉由多練習，來領悟各單元的理論，亦更加累積統計實力。

傅懷慧  謹識

2020 年 9 月

目次

1 基礎篇

01 統計學概念 1-1

一、何謂統計學（Statistics）？範圍？目的？ 1-2

二、何謂母體（Population）？何謂樣本（Sample）？兩者關係 1-2

三、何謂母數（Parameter）？何謂統計量（Statistic）？ 1-4

四、初等統計學章節概述 1-5

02 敘述統計的圖 2-1

一、資料的形態（Types of data） 2-2

二、資料的五種尺度（Scale） 2-2

三、類別資料之長條圖（Bar Graph） 2-7

四、類別資料之圓餅圖（Pie Chart） 2-8

五、類別資料之柏拉圖（Pareto Diagram） 2-9

六、數值資料之莖葉圖（Stem-and-Leaf Display） 2-10

七、數值資料之直方圖（Histogram） 2-11

八、數值資料之散佈圖（Scatter Diagram） 2-12

03 敘述統計的數值 (常用統計符號與公式) 3-1

一、集中趨勢 3-2

二、變異程度 3-8

三、偏態 3-14

四、峰態 3-15

活動一：『生活周遭人、事、物』的統計數值 A-1

2 機率篇

04 機率與機率分配 4-1

一、主觀機率 4-2

二、古典機率 4-2

三、相對機率 4-13

📌 活動二：穩賺不賠的『擺攤活動』設計 A-3

05 離散型機率分配 5-1

一、白努力試驗 5-2

二、二項分配 5-3

三、卜瓦松分配 5-6

四、超幾何分配 5-11

📌 活動三：台灣『重大事件』possion 機率值估算 A-5

06 連續型機率分配─常態分配 6-1

一、常態分配概述 6-2

二、標準常態分配 6-11

三、「常態分配」與「標準常態分配」之關係 6-16

四、標準常態分配需熟記數值 6-18

3 抽樣與抽樣分配篇

07 抽樣方法 7-1

一、抽樣方法歸類 7-2

二、隨機抽樣 7-2

三、非隨機抽樣 7-6

四、樣本大小的考量準則 7-6

08 $\bar{X}$抽樣分配與中央極限定理 8-1

一、抽樣分配 8-2

二、$\bar{X}$抽樣分配三個重要定理 8-2

三、中央極限定理 8-3

活動四：『中央極限定理』試驗 A-7

09 $\left(\bar{X}_A - \bar{X}_B\right)$抽樣分配 9-1

一、常態分配具加法 9-2

二、$\left(\bar{X}_A - \bar{X}_B\right)$抽樣分配 9-3

10 S^2抽樣分配 10-1

一、卡方分配 10-2

二、S^2抽樣分配 10-3

11 $\dfrac{S_A^2}{S_B^2}$抽樣分配 11-1

一、F分配 11-2

二、$\dfrac{S_A^2}{S_B^2}$抽樣分配 11-9

4 推估篇

12 單一母體平均數 μ 的信賴區間 12-1

一、信賴區間 12-2

二、μ 的信賴區間 12-3

三、t 分配 12-5

四、估算樣本大小 12-15

13 兩個母體平均數 $(\mu_A - \mu_B)$ 的信賴區間 13-1

一、$(\mu_A - \mu_B)$ 信賴區間的步驟 13-2

二、$(\mu_A - \mu_B)$ 的範例 13-2

14 單一母體變異數 σ^2 的信賴區間 14-1

一、S^2 抽樣分配 14-2

二、σ^2 的信賴區間 14-2

15 兩個母體變異數 $(\frac{\sigma_A^2}{\sigma_B^2})$ 的信賴區間 15-1

一、$\dfrac{S_A^2}{S_B^2}$ 抽樣分配 15-2

二、$\dfrac{\sigma_A^2}{\sigma_B^2}$ 的信賴區間 15-2

活動五：『大小青蛙跳遠比賽』兩個母體平均差的推估 A-15

5 檢定篇

16 單一母體平均數 μ 的假設檢定 16-1
一、何謂假設檢定 16-2
二、μ 的假設檢定 16-2

17 兩個母體平均數 $(\mu_A - \mu_B)$ 的假設檢定 17-1
一、$\mu_A - \mu_B$ 假設檢定的步驟 17-2
二、$\mu_A - \mu_B$ 假設檢定的範例 17-3

18 單一母體變異數 σ^2 的假設檢定 18-1
一、S^2 抽樣分配 18-2
二、σ^2 的假設檢定 18-2

19 兩個母體變異數 $(\dfrac{\sigma_A^2}{\sigma_B^2})$ 的假設檢定 19-1
一、$\dfrac{S_A^2}{S_B^2}$ 抽樣分配 19-2
二、$\dfrac{\sigma_A^2}{\sigma_B^2}$ 的假設檢定 19-2

活動六：『男生女生食量 PK 賽』兩個母體平均差的檢定 A-17

6 預測篇

20 簡單迴歸分析 20-1

一、變數間的關聯性 20-2

二、建立簡單迴歸模式 20-6

三、估計簡單迴歸模式參數 20-6

四、簡單迴歸分析的基本假設 20-8

五、判斷簡單迴歸模式可用性 20-9

六、進行預測 20-16

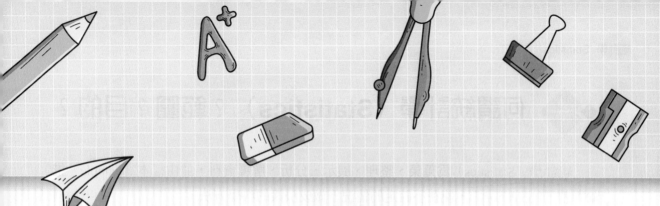

Chapter 1

統計學概念

一、何謂統計學？範圍？目的？

二、何謂母體？何謂樣本？兩者關係

三、何謂母數？何謂統計量？

四、初等統計學章節概述

PART 1　▶　基礎篇

一 何謂統計學（**Statistics**）？範圍？目的？

統計學（Statistics）為蒐集、整理、展示、分析、解釋資料，並由樣本（Sample）推論群體（Population），使在不確定的情況下做成決策的科學方法。

統計學的範圍
- 敘述統計（Descriptive Statistics）：如何蒐集數據、展示數據、及找出可描述數據特徵之值的方法。表、圖、數值（母數、統計量）。
- 推論統計 ★★★（Inferential Statistics）：如何由「樣本」資訊來推論「母體」參數，並估計該推論之可信度大小的方法。

統計學的目的（The objective of Statistics）由樣本資訊推論母體參數。

 二 何謂母體（**Population**）？何謂樣本（**Sample**）？兩者關係

母體（Population）又稱群體，由具有共同特性之個體所組成的整體。欲研究或關心議題的所有個體組成。

樣本（Sample）指母體之部分個體組成。當不容易收集到關心議題的所有個體資料時，才需要樣本資料。當你手邊僅有研究議題的部份個體資料時，即僅握有樣本資料。

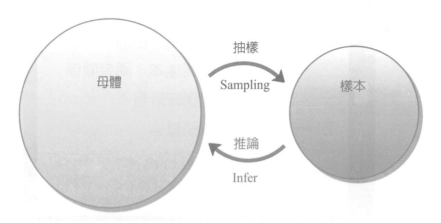

範例 1-1

生物學家想知道 🐋 的平均體重

　　母體資料：全部海洋中的每隻 🐋 重量。（母體稀少）

　　因為除非把海水全部抽光，再撈起全部 🐋 ，秤完重量再放回，再注入海水，此行為簡直是天方夜譚。所以僅能隨機抽樣，由樣本 🐋 的平均重量回推母體 🐋 的平均體重。

範例 1-2

教育部長想知道當今大學生的平均 IQ

　　母體資料：當今所有具大學學籍生的 IQ 數值。（母體量多）

　　因為收集要花大量測驗時間、人力，所以隨機抽樣部份大學生做測驗，由樣本平均 IQ 回推母體平均 IQ。

範例 1-3

行政院院長想預先知道國慶煙火施放高度

　　母體資料：所有煙火的施放高度。（母體具破壞性）

　　因為預先收集煙火施放高度，射完全部煙火，國慶日就沒得施放，所以隨機抽樣部份煙火做測驗，樣本煙火平均施放高度回推母體煙火平均施放高度。

範例 1-4

欲知小丸子 班上的平均身高

母體資料：小丸子班每位小朋友的身高。（母體有限）

因為 15 位收集容易，所以不需要抽樣及回推，即握有母體資料，可以求算精確平均身高，不需要樣本回推母體。

身高	125	137	128	122	132	126	141	153	156	124
身高	160	145	139	130	159					

◆三 何謂母數（Parameter）？何謂統計量（Statistic）？

母數（Parameter）是由母體資料所計算之母體表徵值，又稱母體「參數」。代表母體性質或相關特性的數值是"常數（Constant）"，通常以希臘字母來表示母數。

例如：母體平均數 μ，唸法 /mu/，母體資料平均水準。

母體標準差 σ，唸法 /sigma/，母體資料的變化大小。

統計量（Statistic）是由樣本資料所計算之樣本表徵值。代表樣本性質或相關特性的變量，是"隨機變數（Random variable）"。

例如：樣本平均數 $\bar{X}$，唸作 /x bar/，樣本資料平均水準。

樣本標準差 S，唸作 /s/，樣本資料的變化大小。

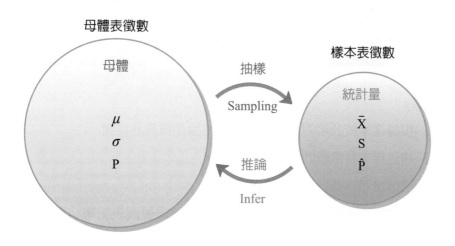

◆四 初等統計學章節概述

初等統計學章節架構，如下圖所示：

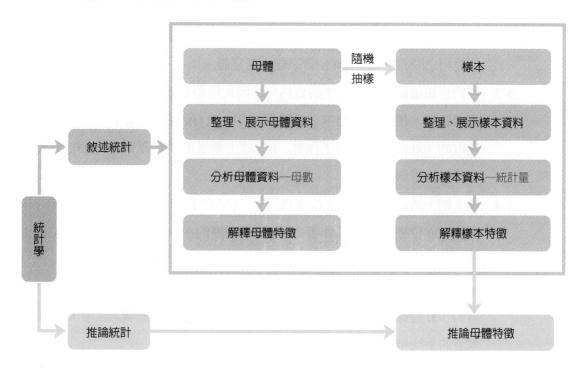

一、是非題

( ) 1. 根據樣本統計量對於母體母數做推論是為統計推論。

( ) 2. 描述樣本特徵數的總稱為統計量。

( ) 3. 描述母體特徵數的總稱為母數。

( ) 4. 我們經由收集、整理資料、進行分類、繪製圖表並總結資料這些都是敘述統計的範疇。

( ) 5. 想要預估今年 6 千盞天燈施放的高度，可以從母體得知。

( ) 6. 總統參選人想預估自己的支持度，可以從母體得知。

二、選擇題　(* 為複選題)

( ) 1. 根據樣本統計量對於母體母數做推論，或者估計其信賴區間是　(A) 樣本　(B) 統計學　(C) 統計推論　(D) 敘述統計。

( ) 2. 何者不是統計學的目的？　(A) 處理確定性的問題　(B) 預測　(C) 分析各項變相之間的關係　(D) 使資訊變得有意義。

( ) 3. 我們想知道碩士學歷的年薪資為何？因此隨機抽取了 300 位碩士學歷工作者做研究。請問此研究中之母體為何？　(A) 所有的碩士學歷工作者　(B) 抽取的 300 位碩士學歷工作者　(C) 碩士學歷的平均年薪資　(D)300 位碩士學歷的平均年薪。

( ) 4. 承上題，請問此研究中之樣本為何？　(A) 所有的碩士學歷工作者　(B) 抽取的 300 位碩士學歷工作者　(C) 碩士學歷的平均年薪資　(D)300 位碩士學歷的平均年薪。

( ) 5. 承上題，請問此研究中之母數為何？　(A) 所有的碩士學歷工作者　(B) 抽取的 300 位碩士學歷工作者　(C) 碩士學歷的平均年薪資　(D)300 位碩士學歷的平均年薪。

(　　) 6. 承上題，請問此研究中之統計量為何？　(A) 所有的碩士學歷工作者　(B) 抽取的 300 位碩士學歷工作者　(C) 碩士學歷的平均年薪資　(D) 300 位碩士學歷的平均年薪。

(　　) 7. 將資料整理算出「平均數」、「標準差」等，這樣的作為在統計學上稱為？　(A) 初等統計　(B) 推論統計　(C) 描述統計　(D) 實驗設計。

*(　　) 8. 下列哪些為使用抽樣調查的原因？　(A) 樣本可能遭到破壞　(B) 可以得到完全正確的結果　(C) 節省時間　(D) 節約經費　(E) 無誤差的產生。

*(　　) 9. 下列哪些調查結果何者屬於敘述統計？

(A) 昨天高雄市降雨量為 25mm

(B) 今年石油生產過剩，預計明年初將會跌價 6%

(C) 因人口老化，預計 2050 年 60 歲以上人口將會增加至 20 億人

(D) 由於房價泡沫化，明年的房價將創歷年來最低點

(E) 高雄市實施掃黑行動，2017 年 9 月的犯罪率已較 2016 年下降 7 個百分點

(F) 台南市 2017 年 7-8 月登革熱人數較 2016 年增加 700 例。

NOTE

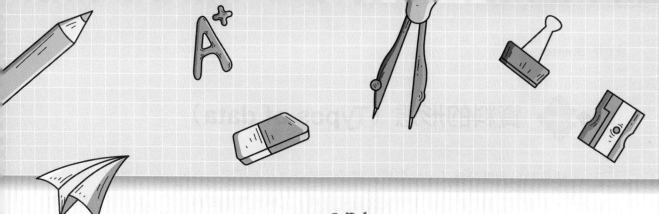

Chapter

2

敘述統計的圖

一、資料的形態

二、資料的五種尺度

三、類別資料之長條圖

四、類別資料之圓餅圖

五、類別資料之柏拉圖

六、數值資料之莖葉圖

七、數值資料之直方圖

八、數值資料之散佈圖

PART 1 ▶ 基礎篇

資料的形態（**Types of data**）

依資料形態區分為「定性資料」與「定量資料」。「定性資料」是以文字、圖形、錄音、影像等非數字形式表現出來的研究資料，又稱為類別資料。「定量資料」是以數字形式表現出來的研究資料，又稱為數值資料。此數值資料若是採計數方式取得資料，則屬於離散型資料；若是採量測方式取得資料，則屬於連續型資料。

下圖清楚勾勒出資料的型態：

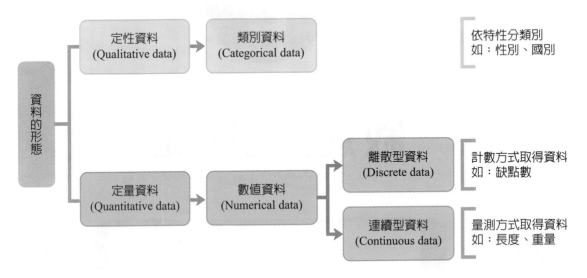

 資料的五種尺度（**Scale**）

統計在處理所收集的資料時，會碰到兩種情況需做資料的轉換，第一種情況是處理文字資料，需轉換成數值型態；第二種情況是處理不同衡量單位的數值資料，需轉換成相同衡量單位的數值型態。依其轉換方式，共有五種尺度：

(一) 名義尺度（**Nominal Scale**）

文字型資料，處理文字轉成數值時為一對一函數轉換。即文字 $X_i \neq X_j$ 經轉換後，只要滿足數值 $X'_i \neq X'_j$ 即可。

範例 **2-1**

「性別」為文字敘述，用不同數值代替不同「性別」即可，屬於名義尺度。

　　　男 ≠ 女

→　1 ≠ 0

→　1 ≠ 2

範例 **2-2**

「是否」為文字敘述，用不同數值代替不同「勾選」即可，屬於名義尺度。

　　　是 ≠ 否

→　☑ ≠ □

→　1 ≠ 0

→　1 ≠ 2

範例 **2-3**

「顏色」為文字敘述，用不同數值代替不同「顏色」即可，屬於名義尺度。

　● ≠ ● ≠ ● ≠ ● ≠ ● ≠ ● ≠ ●

　紅 ≠ 橙 ≠ 黃 ≠ 綠 ≠ 藍 ≠ 靛 ≠ 紫

→　1 ≠ 2 ≠ 3 ≠ 4 ≠ 5 ≠ 6 ≠ 7

範例 **2-4**

「背書包方式」為文字敘述，用不同數值代替不同「背法」即可，屬於名義尺度。

　斜背　≠ 雙肩背 ≠　手提　≠　滾輪手拉

→　　1　≠　2　≠　3　≠　　4

(二) 順序尺度（**Ordinal Scale**）

又稱「等級尺度」。文字型資料且有先後或大小之含意。處理排序文字轉成數值時，必須保持排序不變，即 $X_i \leq X_j$ 經轉換後必須滿足 $X_i' \leq X_j'$。單調遞增函數可滿足排名次序的不變性。

範例 2-5

「名次」為排序文字敘述，用排序數值代替「名次」排序即可，屬於順序尺度。

冠軍	>	亞軍	>	季軍
第1名	>	第2名	>	第3名
→ 1	>	2	>	3

範例 2-6

「尺寸」為排序文字敘述，用排序數值代替「尺寸」排序即可，屬於順序尺度。

	大	>	中	>	小
→	3	>	2	>	1
→	1	>	2	>	3

	XXL	>	XL	>	L	>	M	>	S	>	SS
→	6	>	5	>	4	>	3	>	2	>	1
→	1	>	2	>	3	>	4	>	5	>	6

範例 2-7

「學歷」為排序文字敘述，用排序數值代替「學歷」排序即可，屬於順序尺度。

	小學	<	中學	<	高中	<	大學	<	碩士	<	博士
→	6	<	5	<	4	<	3	<	2	<	1
→	1	<	2	<	3	<	4	<	5	<	6

範例 2-8

「滿意程度」為排序文字敘述，用排序數值代替「滿意」排序即可，屬於順序尺度。

非常不滿意	<	不滿意	<	普通	<	滿意	<	非常滿意
→ 1	<	2	<	3	<	4	<	5

(三) 等距尺度（Interval Scale）

又稱「區間尺度」。數值型資料且有不同衡量單位，不同衡量單位滿足函數特性為 $X' = a \cdot X + b$。必須滿足轉換前後差的比值不變 $(X'_i - X'_j) = a \cdot (X_i - X_j)$。

範例 2-9

「溫度」為數值型資料且有華氏 (°F) 與攝氏 (°C) 不同衡量單位，換算公式：°F = 9/5 °C + 32°，屬於等距尺度。許多歐美國家還是繼續沿用華氏 (°F) 溫標。而台灣採用攝氏 (°C)。

範例 2-10

「年分」為數值型資料。如民國與西元，換算公式：西元 = 1911 + 民國，屬於等距尺度。

(四) 等比尺度（**Ratio Scale**）

又稱「比例尺度」。數值型資料且有不同衡量單位，不同衡量單位滿足函數特性為 $X' = a \cdot X$ 。必須滿足轉換前後比值不變，即轉換後比值等於轉換前比值 $\dfrac{X'_i}{X'_j} = \dfrac{X_i}{X_j}$ 。另一特點是具有絕對零點。

範例 2-11

「長度」、「重量」、「面積」、「容量」均為數值型資料且有 "英制" 與 "公制" 不同單位，屬於等比尺度。

英制 → 公制	
1 inch = 2.540 cm	1 foot = 0.3048 m
1 yard = 0.9144 m	1 mile = 1.6093 km
1 pound = 0.4536 kg	1 fl. oz. = 29.574 milliliters
1 qt = 0.9464 liters	1 gal = 3.785 liters
公制 → 英制	
1 cm = 0.3937 in.	1 m = 3.28 feet
1 m = 1.094 yards	1 km = 0.6214 mi.
1 kg = 2.205 pounds	1 milliliter = 0.03381 fl. oz.
1 liter = 1.057 qt.	1 liter = 0.2642 gal.

(五) 絕對尺度（**Absolute Scale**）

數值型資料且無需任何轉換，同一性函數的轉換： $X' = X$ 。比如頻率。

◆三 類別資料之長條圖（Bar Graph）

用來表示類別資料之次數分佈，以長方形的長度為數量的統計圖，可以對照比較不同時期或不同類別間的差異。長條圖的長度高低可看出類別比例關係。

範例 2-12

櫻桃小丸子班級導師欲知道學生缺繳原因，於是收集了一個月班級學生缺繳原因及其次數資料，如下表所示，請依數據繪製長條圖。

缺繳原因	次數
作業本不見	7
生病請假	13
沒有寫功課	36
忘記帶來	44
總和	100

解

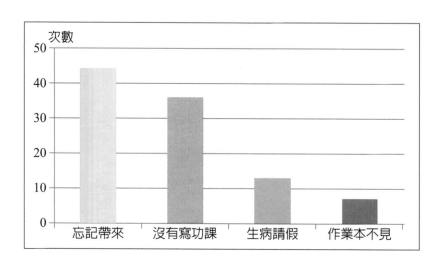

◆四 類別資料之圓餅圖（Pie Chart）

圓餅圖又稱餅狀圖，是一個劃分為幾個扇形的圓形統計圖，用於描述各種類別的相對關係，以各種類別的量、頻率或百分比來表示。扇形角度約略可看出類別比例。

範例 2-13

櫻桃小丸子班級導師欲知道學生缺繳原因，於是收集了一個月班級學生缺繳原因及其次數資料，如範例 2-1 表所示，請依數據繪製圓餅圖。

解

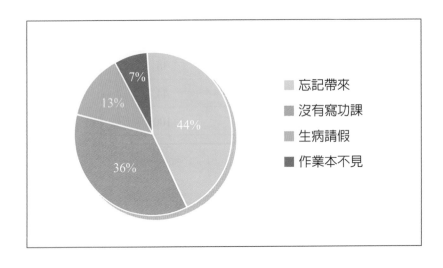

◆五 類別資料之柏拉圖（**Pareto Diagram**）

又稱「主次因素分析法」。其圖形有兩個縱坐標、一個橫坐標、數個直方形和一條折線構成。左側縱坐標表示次數；右側縱坐標則表示頻率（以百分比表示)；橫坐標表示影響類別的各種因素，按影響大小順序排列；直方形高度表示相應的因素的影響程度（即出現次數為多少）；上方之折線則表示累計頻率線（又稱柏拉圖曲線）。柏拉圖一般用以了解主要問題為何（真因），並針對其問題加以改善。

範例 2-14

由下面柏拉圖所示，請問改善哪些因素，則 80% 問題即可消除。

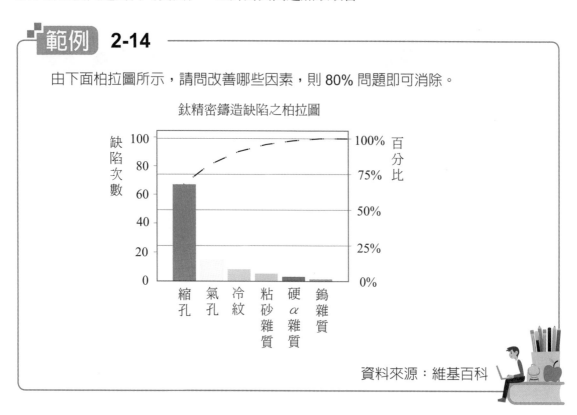

鈦精密鑄造缺陷之柏拉圖

資料來源：維基百科

解 由圖得知縮孔與氣孔佔超過 80% 累積頻率，這兩項獲得糾正，即可消除 80% 問題。

◆六 數值資料之莖葉圖（Stem-and-Leaf Display）

通常用來表示數值變數（定量資料），每筆資料由莖（前頭的數字）與葉（最後一個數字）所快速組成。

範例 **2-15**

小丸子 班的同學身高如下，請以莖葉圖畫出身高分佈。

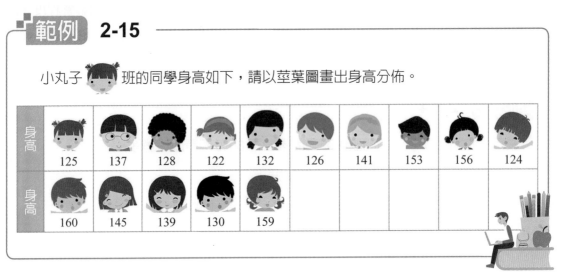

| 身高 | 125 | 137 | 128 | 122 | 132 | 126 | 141 | 153 | 156 | 124 |
| 身高 | 160 | 145 | 139 | 130 | 159 | | | | | |

 解

STEP 1▶ 寫出「莖 (前頭的數字)」

```
12 |
13 |
14 |
15 |
16 |
```

STEP 2▶ 寫出「葉 (最後一個數字)」，照資料次序填入。

```
12 | 5  8  2  6  4
13 | 7  2  9  0
14 | 1  5
15 | 3  6  9
16 | 0
```

STEP 3▶ 將每橫列「葉 (最後一個數字)」，從小到大排序。

```
12 | 2  4  5  6  8
13 | 0  2  7  9
14 | 1  5
15 | 3  6  9
16 | 0
```

七 數值資料之直方圖（Histogram）

直方圖是次數分佈的圖形表示，是由直立的條狀或矩形所構建。橫軸代表各組之所有組界，縱軸代表觀察值的次數，相對次數或百分比，畫矩形須有相同寬度並且須相連在一起。

範例 2-16

小丸子 學校共 106 位同學體重如下，請依下列資料繪製成直方圖。

組限	組界	組中點	次數
19-25	18.5-25.5	22	1
26-32	25.5-32.5	29	4
33-39	32.5-39.5	36	26
40-46	39.5-46.5	43	59
47-53	46.5-53.5	50	15
54-60	53.5-60.5	57	1
		Total	106

解

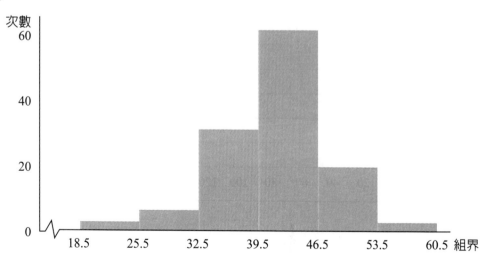

◆八 數值資料之散佈圖 （Scatter Diagram）

散佈圖是用來表示資料在兩個變數之間的關係。

 範例 2-17

小丸子 班的同學身高（cm）與體重（kg）如下，請以散佈圖繪製。

身高	125	137	128	122	132	126	141	153	156	124
體重	20	47	34	29	25	20	46	50	54	22

身高	160	145	139	130	159					
體重	53	55	50	22	56					

解

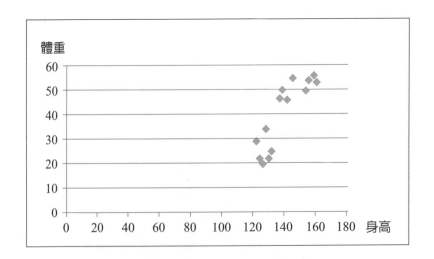

一、是非題

( ) 1. 圓餅圖（Pie Chart）與長條圖（Bar Chart）通常是用來處理「類別資料」。

( ) 2. 我們可以直接由 Pareto 圖上知道有多少次數或多少比例的資料落在那些主要組別。

( ) 3. 莖葉圖（Stem and Leaf Display）可用來做資料排序，但是不適用於大量資料呈現。

( ) 4. 可以直接由直方圖（Histogram）圖上知道：低於「某一特定值」有多少觀察次數。

( ) 5. 散佈圖（Scatter Plot）適用於呈現兩「類別資料」間的關聯情形。

二、選擇題　（*為複選題）

( ) 1. 數值資料通常可以繪製成以下何種統計圖？　(A)圓餅圖　(B)直條圖　(C)直方圖　(D)Pareto 圖。

( ) 2. 下列何者不是「莖葉圖」的特性？　(A) 將資料排序　(B) 莖為相對次數，葉為分類　(C) 不適用大量或複雜的資料　(D) 可以保持原始資料。

( ) 3. 下列何種圖表可以直接知道多少比例的觀察值低於某特定值？　(A) 圓餅圖　(B) 直條圖　(C) 直方圖　(D) 肩型圖。

( ) 4. 下列何者不適合以名目尺度（Nominal Scale）看待？　(A) 生肖　(B) 星座　(C) 茶飲的品牌　(D) 炸雞的喜好程度。

( ) 5. 電話號碼屬於下列何種測量尺度？　(A) 名目尺度　(B) 順序尺度　(C) 區間尺度　(D) 比率尺度。

( ) 6. 球員衣服背後數字屬於下列何種測量尺度？　(A) 名目尺度　(B) 順序尺度　(C) 區間尺度　(D) 比率尺度。

*( ) 7. 類別資料通常可以繪製成以下哪些統計圖？　(A) 圓餅圖　(B) 直條圖　(C) 直方圖　(D) Pareto 圖。

*( ) 8. 下列哪些為定性資料？ (A) 性別 (B) 每個月的零用錢 (C) 班上的平均身高 (D) PO 文按 😄 😲 😟 (E) 職業 (F) 居住地區 (G) 手指的長度 (H) 機車的品牌。

*( ) 9. 下列哪些為定量資料？ (A) 性別 (B) 每個月的零用錢 (C) 班上的平均身高 (D) PO 文按 😄 😲 😟 (E) 職業 (F) 居住地區 (G) 手指的長度 (H) 機車的品牌。

三、計算題

1. 會計學老師想知道蹺課的原因，收集了蹺課原因及次數如下，請畫長條圖。

蹺課原因	蹺課次數
賴床起不來	20
好難聽不懂	5
社團太忙	10
沒寫作業	6
忘記上課	9
總計	50

2. 動物園圈養了猴子共 20 隻，其身高如下，請將身高以莖葉圖表示。

145cm	160cm	152cm	185cm	156cm	160cm	179cm	175cm	160cm	159cm
140cm	173cm	165cm	155cm	149cm	162cm	177cm	158cm	146cm	166cm

3. 動物園圈養了猴子共 20 隻，其體重如下，請將體重以莖葉圖表示。

49kg	64 kg	52 kg	85 kg	55 kg	56 kg	82 kg	75 kg	63 kg	56 kg
40 kg	74 kg	62 kg	52 kg	43 kg	63 kg	79 kg	59 kg	48 kg	68 kg

4. 動物園圈養了猴子共 20 隻，其身高、體重如下，請用身高與體重畫散佈圖（Scatter Plot）。

身高	145cm	160cm	152cm	185cm	156cm	160cm	179cm	175cm	160cm	159cm
體重	49kg	64 kg	52 kg	85 kg	55 kg	56 kg	82 kg	75 kg	63 kg	56 kg
身高	140cm	173cm	165cm	155cm	149cm	162cm	177cm	158cm	146cm	166cm
體重	40 kg	74 kg	62 kg	52 kg	43 kg	63 kg	79 kg	59 kg	48 kg	68 kg

NOTE

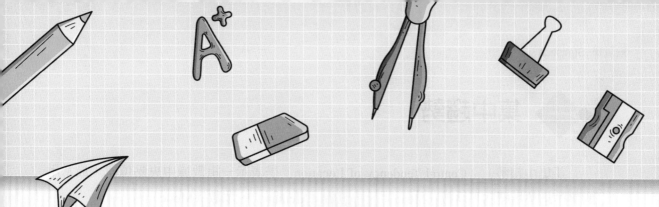

Chapter 3

敘述統計的數值
（常用統計符號與公式）

一、集中趨勢

二、變異程度

三、偏態

四、峰態

PART 1 ▶ 基礎篇

 集中趨勢

「集中趨勢」（Central Tendency of Location）是表示一組數據中央點位置。最常用的集中趨勢指標為平均數（Mean）、中位數（Median）、眾數（Mode）。

(一) 平均數（Mean）

將一組數相加總，再除以該組數的個數，稱之為平均數。母體有 N 筆數 $X_1, X_2, \ldots X_N$，樣本有 n 筆數 $X_1, X_2, \ldots X_n$，其平均數之符號、公式分別如下：

$$\text{母體平均數：} \mu = \frac{\sum X_i}{N} \qquad N\,\text{筆資料}$$

$$\mu = \frac{X_1 + X_2 + \ldots + X_N}{N} = \frac{\sum_{i=1}^{N} X_i}{N} = \frac{\sum X_i}{N}$$

$$\text{樣本平均數：} \bar{X} = \frac{\sum X_i}{n} \qquad n\,\text{筆資料}$$

$$\bar{X} = \frac{X_1 + X_2 + \ldots + X_n}{n} = \frac{\sum_{i=1}^{n} X_i}{n} = \frac{\sum X_i}{n}$$

範例 3-1

青蛙班共有 10 位同學，體重如下，求平均體重？

33、35、25、40、36、31、28、30、25、22 (kg)

解 因有欲研究對象全部資料，即母體資料，所以求母體平均數

$$\mu = \frac{\sum X_i}{N} = \frac{33 + 35 + \cdots + 22}{10} = 30.5 (\text{kg})$$

PART 1 基礎篇

範例 3-2

欲知小丸子  學校三年級學生平均體重，抽到三年四班（15位）的資料如下：

身高	125	137	128	122	132	126	141	153	156	124
體重	20	47	34	29	25	20	46	50	54	22

身高	160	145	139	130	159					
體重	53	55	50	22	56					

解 因有欲研究對象三年級學生，但僅有三年四班資料，即樣本資料，求樣本平均數

$$\bar{X} = \frac{\sum X_i}{n} = \frac{20 + 47 + \cdots + 56}{15} = 38.9(\text{kg})$$

小秘笈 秘

『工欲善其事，必先利其器』。請買一部統計用「工程計算機」， 可以輸入資料，求算 μ、σ、$\bar{X}$、s。

範例 3-3

進貨一大批蘋果,其中一箱蘋果 36 顆,重量 (g) 如下:

400、410、390、393、381、420、415、408、388、385、392、392、394、

395、400、403、405、412、420、408、383、385、390、395、396、397、

398、393、399、401、401、413、408、409、403、402

求 1. 此箱蘋果平均重為何?

　　2. 此批蘋果平均重為何?

解 1. 欲知此箱蘋果平均重,有研究對象 36 顆重量全部資料,即母體資料,所以求母體平均數。

$$\mu = \frac{\sum X_i}{N} = 399.56(g)$$

2. 若欲知此批蘋果平均重,但僅有此箱蘋果 36 顆重量資料,即樣本資料,所以求樣本平均數。

$$\bar{X} = \frac{\sum X_i}{n} = \frac{x_1 + x_2 + \ldots + x_{36}}{n} = 399.56(g)$$

(二) 中位數(Median)

將一組數據由小至大排序後,最中間的那一個數值稱為中位數。

$$X_{med} = \frac{X_{\left(\frac{n}{2}\right)} + X_{\left(\frac{n}{2}+1\right)}}{2}$$,n 為偶數　　排序第 $\left(\frac{n}{2}\right)$ 位及第 $\left(\frac{n}{2}+1\right)$ 位的兩數值的平均。

$$X_{med} = X_{\left(\frac{n}{2}+\frac{1}{2}\right)}$$　　　,n 為奇數　　排序第 $\left(\frac{n}{2}+\frac{1}{2}\right)$ 位的數值。

小訣竅

既然中位數是數據由小至大排序後,取最中間的那一個。

* 在不背公式下,將排序後數據「去頭去尾」。
* 若去到後來剩 1 筆,則此數為中位數。
* 若去到後來剩 2 筆,則將 2 筆數值相加除以 2,即為中位數。

範例 3-4

請找出下列數據之中位數：10、3、8、12、15

$$\downarrow \quad \downarrow \quad \downarrow \quad \downarrow \quad \downarrow$$

$$X_1 \quad X_2 \quad X_3 \quad X_4 \quad X_5 \rightarrow$$ 下標沒括弧，第 1 筆，第 2 筆

解 1：去頭去尾

由小至大排序 3、8、10、12、15

「去頭去尾」 ~~3~~、8、10、12、~~15~~

「去頭去尾」 ~~3~~、~~8~~、10、~~12~~、~~15~~

中位數 $= X_{med} = 10$

2：公式法

因求算中位數需由小至大排序後，取最中間的那一個。

由小至大排序 3、8、10、12、15 （奇數個）

$$\downarrow \quad \downarrow \quad \downarrow \quad \downarrow \quad \downarrow$$

$$X_{(1)} \quad X_{(2)} \quad X_{(3)} \quad X_{(4)} \quad X_{(5)} \quad \rightarrow$$ 下標有括弧，第 1 小，第 2 小…

$$X_{med} = X_{\left(\frac{n}{2}+\frac{1}{2}\right)} = X_{\left(\frac{5}{2}+\frac{1}{2}\right)} = X_{(3)} = 10$$

小秘笈 秘

奇數個，「去頭去尾」剩 1 個，中間那個數，

　　「公式法」5÷2=2.5，沒有排序第 2.5 大，+0.5 為第 3 大，即是中位數。

範例 3-5

請找出下列數據之中位數：

10、3、8、12、15、7。

解 1：去頭去尾

由小至大排序 3、7、8、10、12、15

「去頭去尾」~~3~~、7、8、10、12、~~15~~

「去頭去尾」~~3~~、~~7~~、8、10、~~12~~、~~15~~

中位數 $= X_{med} = \dfrac{8+10}{2} = 9$

2：「公式法」

因求算中位數需由小至大排序後，取最中間的那一個。

由小至大排序 3、7、8、10、12、15 （偶數個）

$$\downarrow \quad \downarrow \quad \downarrow \quad \downarrow \quad \downarrow \quad \downarrow$$

$$X_{(1)} \ X_{(2)} \ X_{(3)} \ X_{(4)} \ X_{(5)} \ X_{(6)}$$

$$X_{med} = \frac{X_{\left(\frac{n}{2}\right)} + X_{\left(\frac{n}{2}+1\right)}}{2} = \frac{X_{(3)} + X_{(4)}}{2} = \frac{8+10}{2} = 9$$

小秘笈 秘

　　偶數個，「去頭去尾」剩 2 個，中間那 2 個，找「中間 2 個相加除以 2」，「公式法」6÷2=3（第 3 大）；另 1 個（第 3 大隔壁，第 4 大），（第 3 大 + 第 4 大）÷2，即是中位數。

範例 3-6

假設有一箱蘋果 36 顆，重量如下，求中位數

400、410、390、393、381、420、415、408、388、385、392、
392、394、395、400、403、405、412、420、408、383、385、
390、395、396、397、398、393、399、401、401、413、408、
409、403、402

解 因求算中位數需由小至大排序後，取最中間的那一個，資料筆數多可運用「莖葉圖」排序。

STEP 1▶ 寫出「莖（前頭的數字）」

38	
39	
40	
41	
42	

STEP 2▶ 寫出「葉（最後一個數字）」，照資料次序填入。

38	1	8	5	3	5							
39	0	3	2	2	4	5	0	5	6	7	8	9	3
40	0	8	0	3	5	8	1	1	8	9	3	2
41	0	5	2	3								
42	0	0										

STEP 3▶ 將每橫列「葉（最後一個數字）」，從小到大排序。

38	1	3	5	5	8							
39	0	0	2	2	3	3	4	5	5	6	7	8	⑨ ➤ $X_{(18)}$
$X_{(19)}$ ◄ 40	⓪	0	1	1	2	3	3	5	8	8	8	9	
41	0	2	3	5								
42	0	0										

STEP 4▶ 「莖葉圖」中位數為第 18 與第 19 位置

此時你試著將（第 18 大 + 第 19 大）÷ 2 自行寫出公式。

$$X_{med} = \frac{X_{\left(\frac{n}{2}\right)} + X_{\left(\frac{n}{2}+1\right)}}{2} = \frac{X_{(18)} + X_{(19)}}{2} = \frac{399 + 400}{2} = 399.5 (g)$$

 偶數個，「去頭去尾」剩 2 個，中間那 2 個，找「中間 2 個相加除以 2」。36÷2=18（第 18 大）；另 1 個（第 19 大），（第 18 大 + 第 19 大）÷2，即是中位數。

(三) 眾數（Mode）

在一組數據中，出現次數最多的數值稱之眾數。

 **3-7**

有一組數據如下：3、3、3、3、8、6、6、5、2、3、1、4、2，請求此資料之眾數？

解 $X_{mode} = 3$，因為 3 出現次數最多次，總共為 5 次。

何時用平均數？何時用中位數？何時用眾數？

平均數對離群值非常敏感，而中位數與眾數對離群值不敏感。因此，當資料中有離群值時，則使用中位數或眾數，否則，使用平均數。

◆ 二　變異程度

「變異」是表示一組數據間數值的變化大小量。數值差異越大，變異越大；數值差異越小，變異越小；數值全都一樣沒差異，為零變異。

最常用的變異指標為全距（Range）、變異數（Variance）、標準差（Standard Deviation）、變異係數（Coefficient of Variation）。

(一) 全距（Range；R）

一組數據最大值與最小值的差距。最大值與最小值的差距越大，變異越大。此乃衡量變異的最簡單方法，但當有離群值出現，全距並非是衡量變異的好方法，因忽略其他數據分佈的情形。

$$R = X_{max} - X_{min}$$

範例 3-8

承範例 3-6，一箱蘋果 36 顆重量如下，求全距（Range）。

400、410、390、393、381、420、415、408、388、385、392、
392、394、395、400、403、405、412、420、408、383、385、
390、395、396、397、398、393、399、401、401、413、408、
409、403、402

解 從例 3-6「莖葉圖」得知

X_{min} ← 38 | ① 3 5 5 8
39 | 0 0 2 2 3 3 4 5 5 6 7 8 9
40 | 0 0 1 1 2 3 3 5 8 8 8 9
41 | 0 2 3 5
42 | 0 ⓪ → X_{max}

$$R = X_{max} - X_{min} = 420 - 381 = 39$$

(二) 變異數（Variance；Var）

　　變異數（Variance）的概念是一群資料與「平均數」遠近來衡量。即以此群資料的「平均數」為基準。

1. 若這群資料的每筆數值離「平均數」均很近（散佈在平均數附近），表示此群資料變異小；

2. 若這群資料的每筆離「平均數」均很遠（散佈在平均數遠處），表示此群資料變異大；

3. 若這群資料的每筆離均與「平均數」同值（散佈均在平均數上），表示此群資料沒變異。

　　然而，每筆資料與「平均數」差距有正有負，$\sum (X_i - 平均數) = 0$ 必成立，因為高於平均數差額去補低於平均數差額。欲看出總變異量，又不想正負抵銷，最好方法是平方後再相加，即可知總變異量 $\sum (X_i - 平均數)^2$，稱「平方和（Sum of Square；SS）」。

$$母體變異數 = \sigma^2 = \frac{\sum (X_i - \mu)^2}{N}$$

σ^2 唸法為 "sigma 平方"

σ^2 為母體資料的「總變異量 ÷ N」

$$樣本變異數 = S^2 = \frac{\sum(X_i - \bar{X})^2}{n-1}$$

S^2 唸法為 "S 平方"

S^2 為樣本資料的「總變異量 ÷ (n-1)」，不偏估計式。

試著自行依思考邏輯寫出「符號、公式」。切記：不死背公式。

範例 3-9

承範例 3-6，今年這批蘋果中的其中一箱蘋果有 36 顆，其重量如下：

400、410、390、393、381、420、415、408、388、385、392、392、394、
395、400、403、405、412、420、408、383、385、390、395、396、397、
398、393、399、401、401、413、408、409、403、402

求 1. 此箱蘋果變異數為何？

　　2. 此批蘋果變異數為何？

 1. 研究範圍「此箱蘋果」，掌握全數資料，屬於母體資料

$$\sigma^2 = \frac{\sum(X_i - \mu)^2}{N} = 98.30\left(g^2\right)$$

　　2. 研究範圍「此批蘋果」，僅有部份資料，屬於樣本資料

$$S^2 = \frac{\sum(X_i - \bar{X})^2}{n-1} = 101.11\left(g^2\right)$$

(三) 標準差 (Standard Deviation；S.D.)

　　一組數據的變異數 (Var.) 開根號，即為該組數據的標準差 (S.D.)，因為「變異數的單位」是「原數據單位」的平方。譬如：原長度單位是 cm，長度變異數單位變為 cm² (變成面積單位)，欲恢復原單位所以開根號。

　　變異數大，開根號後仍大；變異數小，開根號後仍小；變異數為 0，開根號後仍為 0。標準差 $= \sqrt{變異數}$。

$$母體標準差 \ \sigma = \sqrt{\sigma^2} = \sqrt{\frac{\sum(X_i - \mu)^2}{N}}$$

$$樣本標準差 \ S = \sqrt{S^2} = \sqrt{\frac{\sum(X_i - \bar{X})^2}{n-1}}$$

範例 3-10

旺旺鳳梨果園量產，傅老師假日去果園摘了 20 顆鳳梨，其重量 (g) 如下：

200、220、250、270、285、245、260、277、280、290

320、350、310、303、315、255、245、265、295、300

1. 求傅老師摘的鳳梨平均重、變異數、標準差為何？
2. 此鳳梨果園平均重、變異數、標準差為何？
3. 此 20 顆的中位數？

 1. 研究範圍「傅老師摘的鳳梨」，掌握全數資料，屬於母體資料

$$平均數 = \mu = \frac{\sum X_i}{N} = 276.75 \ (g)$$

$$變異數 = \sigma^2 = \frac{\sum(X_i - \mu)^2}{N} = 1220.08 \ (g^2)$$

$$標準差 = \sigma = \sqrt{\frac{\sum(X_i - \mu)^2}{N}} = 34.93 \ (g)$$

2. 研究範圍「旺旺鳳梨果園」，僅有傅老師摘的 20 顆部份資料，屬於樣本資料

$$平均數 = \bar{X} = \frac{\sum X_i}{n} = 276.75 \ (g)$$

$$變異數 = S^2 = \frac{\sum(X_i - \bar{X})^2}{n-1} = 1284.30 \ (g^2)$$

$$標準差 = S = \sqrt{\frac{\sum(X_i - \bar{X})^2}{n-1}} = 35.84 \ (g)$$

3. 資料筆數多可運用「莖葉圖」排序求算中位數

莖葉圖

20	0
21	
22	0
23	
24	5　　5
25	0　　5
26	0　　5
27	0　　7
28	0　　5
29	0　　5
30	0　　3
31	0　　5
32	0
33	
34	
35	0

$$\frac{X_{(10)} + X_{(11)}}{2} = \frac{277 + 280}{2} = 278.5\,(\text{g})$$

小秘笈

　　偶數個，「去頭去尾」剩 2 個，中間那 2 個，找「中間 2 個相加除以 2」。20÷2=10（第 10 大）；另 1 個（第 11 大），（第 10 大 + 第 11 大）÷2，即是中位數。

(四)變異係數（Coefficient of Variation）

變異係數是一種相對差異量數，用以比較單位不同或單位相同但資料差異甚大的資料分散情形。

母體變異係數 = C.V.= $\dfrac{\sigma}{\mu}$ 　　C.V. 沒有單位

樣本變異係數 = c.v.= $\dfrac{S}{\bar{X}}$ 　　c.v. 沒有單位

範例 3-11

小丸子班同學身高及體重如下，欲比較身高與體重的分散程度。

身高	125	137	128	122	132	126	141	153	156	124
體重	20	47	34	29	25	20	46	50	54	22
身高	160	145	139	130	159					
體重	53	55	50	22	56					

 1. 身高的分散程度

$$\mu = \frac{\sum X_i}{N} = \frac{125+137+\cdots+159}{15} = 138.47\,(\text{cm})$$

$$\sigma = \sqrt{\sigma^2} = \sqrt{\frac{\sum(X_i-\mu)^2}{N}} = 12.90\,(\text{cm})$$

$$\text{C.V.}_{身高} = \frac{\sigma}{\mu} = \frac{12.90}{138.47} = 0.093$$

2. 體重的分散程度

$$\mu = \frac{\sum X_i}{N} = \frac{20 + 47 + \cdots + 56}{15} = 38.9(\text{kg})$$

$$\sigma = \sqrt{\sigma^2} = \sqrt{\frac{\sum (X_i - \mu)^2}{N}} = 14.0(\text{kg})$$

$$\text{C.V.}_{體重} = \frac{\sigma}{\mu} = \frac{14.0}{38.9} = 0.360$$

因為 $\text{C.V.}_{身高} = 0.093 < \text{C.V.}_{體重} = 0.360$，所以身高分散程度比體重分散程度小。

三 偏態

「偏態」（Skewness）是用來說明一組數據分佈的形態，單峰分佈有三種形態之偏態：

左偏，負偏	對稱，不偏	右偏，正偏
偏態係數<0	偏態係數=0	偏態係數>0

小秘笈 秘

長長尾巴在那邊，就那偏。如上右圖：長長尾巴在右手邊，就右偏。

 **四 峰態**

資料分佈曲線頂峰的尖平程度稱爲峰態。峰態係數 >3 稱爲高峻峰，峰態係數 =0 稱爲常態峰，峰態係數 <3 稱爲低闊峰。

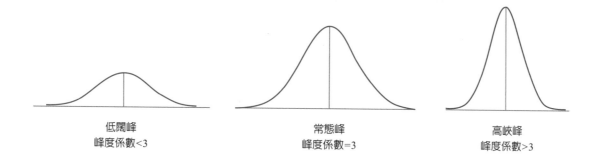

低闊峰
峰度係數<3

常態峰
峰度係數=3

高峽峰
峰度係數>3

「常態分配」爲對稱鐘型分配。不偏、正常峰。故：偏態係數 =0，峰態係數 =3。

一、選擇題 （ * 為複選題）

( ) 1. 下列何者為計算樣本變異數之公式？

$$\text{(A)}\ S^2 = \frac{\sum(X_i - \overline{X})^2}{n} \qquad \text{(B)}\ S^2 = \frac{\sum(X_i - \mu)^2}{n}$$

$$\text{(C)}\ S^2 = \frac{\sum(X_i - \overline{X})^2}{n-1} \qquad \text{(D)}\ S^2 = \frac{\sum(X_i - \mu)^2}{n-1}\ \text{。}$$

( ) 2. 下列何者為計算母體變異數之公式？

$$\text{(A)}\ \sigma^2 = \frac{\sum(X_i - \overline{X})^2}{N} \qquad \text{(B)}\ \sigma^2 = \frac{\sum(X_i - \mu)^2}{N}$$

$$\text{(C)}\ \sigma^2 = \frac{\sum(X_i - \overline{X})^2}{N-1} \qquad \text{(D)}\ \sigma^2 = \frac{\sum(X_i - \mu)^2}{N-1}\ \text{。}$$

( ) 3. 小丸子到觀光草莓園採了 10 顆草莓，其中重量 (g) 如下：56,42,45,55,43,45, 54,53,51,46，其「平均數」為？ (A) 45g (B) 48.5g (C) 49g (D) 50g。

( ) 4. 承上題，其「眾數」為？ (A) 45g (B) 48.5g (C) 49g (D) 50g。

( ) 5. 承上題，其「中位數」為？ (A) 45g (B) 48.5g (C) 49g (D) 50g。

( ) 6. 承上題，其「樣本全距」為？ (A) 14g (B) 15g (C) 16g (D) 56g。

( ) 7. 承上題，其「樣本變異數」為？ (A) 28.4g (B) $28.4g^2$ (C) 5.3g (D) $5.3g^2$。

( ) 8. 承上題，其「樣本標準差」為？ (A) 28.4g (B) $28.4g^2$ (C) 5.3g (D) $5.3g^2$。

( ) 9. 承上題，其「樣本變異係數」為？ (A) 0.109 (B) 0.109g (C) 9.245 (D) 9.245g。

( ) 10. 小丸子參加畫圖比賽，六位評審評分為 79,80,80,85,90,90。有關小丸子畫圖比賽分數的統計量，以下何者錯誤？ (A) 眾數是 80 及 90 (B) 平均數是 84 (C) 全距是 11 (D) 標準差是 8。

(   ) 11. 目前股市資訊：光電股之平均報酬率爲 8.8%，標準差爲 10.4%；生技股之平均報酬率爲 5.7%，標準差爲 4.9%，則下列敘述何者錯誤？   (A) 就標準差而言，光電股之投資風險高於生技股   (B) 光電股之變異係數爲 118.18% (C) 生技股之變異係數爲 116.33%   (D) 就變異係數而言，光電股之投資風險高於生技股。

(   ) 12. 單峰對稱的資料分佈，敘述何者爲正確？   (A) 平均數 > 中位數 > 眾數 (B) 平均數 < 中位數 < 眾數   (C) 平均數 = 中位數 = 眾數   (D) 以上都有可能。

(   ) 13. 下列統計測量數哪個最容易受到極端值影響？   (A) 中位數   (B) 眾數 (C) 平均數   (D) 以上皆是。

*(   ) 14. 在一組資料中，下列哪些敘述正確？   (A) 平均數只有一個   (B) 中位數可能有許多個   (C) 眾數可能沒有或一個或有多個   (D) 平均數＝中位數＝眾數。

*(   ) 15. 哪些可以表達集中趨勢？   (A) 眾數   (B) 標準差   (C) 平均數   (D) 全距 (E) 變異數   (F) 變異係數   (G) 中位數。

*(   ) 16. 哪些可以表達變異狀況？   (A) 眾數   (B) 標準差   (C) 平均數   (D) 全距 (E) 變異數   (F) 變異係數   (G) 中位數。

二、計算題

1. 花輪家的蘋果園，結實累累。小丸子想知道蘋果輕重，共摘了 40 顆，重量 (g) 如下：

$$435\ \ 450\ \ 410\ \ 425\ \ 455\ \ 440\ \ 470\ \ 480\ \ 475\ \ 420$$
$$425\ \ 430\ \ 450\ \ 476\ \ 415\ \ 429\ \ 433\ \ 450\ \ 473\ \ 428$$
$$433\ \ 438\ \ 447\ \ 460\ \ 466\ \ 426\ \ 419\ \ 432\ \ 440\ \ 458$$
$$416\ \ 419\ \ 422\ \ 423\ \ 428\ \ 433\ \ 438\ \ 449\ \ 452\ \ 456$$

請問：（作答依序：符號，公式，數值，單位）

(1) 蘋果重量之中位數？

(2) 蘋果重量之平均數？

(3) 蘋果重量之全距？

(4) 蘋果重量之變異數？

(5) 蘋果重量之標準差？

(6) 蘋果重量之變異係數？

Chapter 4

機率與機率分配

一、主觀機率

二、古典機率

三、相對機率

PART 2 ▶ 機率篇

一 主觀機率

主觀機率又稱「個人機率理論（Personal Probability）」。依個人主觀判斷所設定的信賴程度。

範例 4-1

政論評論家王 XX 認為 2020 年蔡英文篤定連任中華民國總統。

範例 4-2

小丸子的爺爺認為小丸子挑的彩券中獎機會大，因為小丸子是福星。

二 古典機率

古典機率（Classical Probability）又稱先天機率（Aprior Probability）。對於不確定性的事進行重複試行（Trial），其實際發生的結果全憑機遇，事前無法確知，稱之為隨機實驗（Random Experiment），實驗的各種可能狀況，稱為出象與樣本點 （Outcome, Sample Point），而所有可能樣本點的集合稱為樣本空間（Sample Space；S；Ω）。

古典機率 (Classical Probability) 定義

假設：S 為全部樣本點集合的樣本空間，每個樣本點出現機會均等。

若 $A \subseteq S$，則 A 事件發生機率為「A 之樣本點個數」與「S 之樣本點個數」之比

記為 $P(A) = \dfrac{n(A)}{n(S)}$ $\qquad 0 \leq P(A) \leq 1$

$n(A)$ 為 A 事件的樣本點個數；$n(S)$ 為樣本空間 S 的樣本點個數

範例 **4-3**

進行丟 2 個骰子試驗,請寫出

1. S(樣本空間)

2. A 事件:兩個均偶數點

3. B 事件:出現一奇一偶

4. C 事件:兩個骰子和為 7

5. P(A)= ？　P(B)= ？　P(C)= ？

解 1. 樣本空間 S 是丟 2 個骰子的所有可能所成集合

$$S = \begin{Bmatrix} (1,1) & (1,2) & (1,3) & (1,4) & (1,5) & (1,6) \\ (2,1) & (2,2) & (2,3) & (2,4) & (2,5) & (2,6) \\ (3,1) & (3,2) & (3,3) & (3,4) & (3,5) & (3,6) \\ (4,1) & (4,2) & (4,3) & (4,4) & (4,5) & (4,6) \\ (5,1) & (5,2) & (5,3) & (5,4) & (5,5) & (5,6) \\ (6,1) & (6,2) & (6,3) & (6,4) & (6,5) & (6,6) \end{Bmatrix}$$

2.
$$A = \begin{Bmatrix} (2,2) & (2,4) & (2,6) \\ (4,2) & (4,4) & (4,6) \\ (6,2) & (6,4) & (6,6) \end{Bmatrix}$$

3.
$$B = \begin{Bmatrix} (1,2) & (1,4) & (1,6) \\ (2,1) & (2,3) & (2,5) \\ (3,2) & (3,4) & (3,6) \\ (4,1) & (4,3) & (4,5) \\ (5,2) & (5,4) & (5,6) \\ (6,1) & (6,3) & (6,5) \end{Bmatrix}$$

4. $C = \begin{Bmatrix} (1,6) & (2,5) & (3,4) & (4,3) & (5,2) & (6,1) \end{Bmatrix}$

5. $P(A) = \dfrac{n(A)}{n(S)} = \dfrac{9}{36} = \dfrac{1}{4}$

$P(B) = \dfrac{n(B)}{n(S)} = \dfrac{18}{36} = \dfrac{1}{2}$

$P(C) = \dfrac{n(C)}{n(S)} = \dfrac{6}{36} = \dfrac{1}{6}$

空集合（Empty set）與機率 P($\varnothing$)

$\varnothing$ = { } 集合內沒有元素

$$P(\varnothing) = \dfrac{n(\varnothing)}{n(S)} = \dfrac{0}{n} = 0$$

宇集合（Universal set）與機率 P(U)

U 集合含所有元素，U = S

$$P(U) = \dfrac{n(U)}{n(S)} = \dfrac{n}{n} = 1$$

A 事件之餘集合 (A^c) 與機率 P(A^c)

若 $A \subset S$ 則 $A^c = S \setminus A$

$$P(A^c) = 1 - P(A)$$

餘集合 (complement set)，

$S \setminus A$ 表示：S 中元素扣除 A 中元素。

A 與 B 的聯集（Union）

A∪B = { A 或 B 的元素所組成的集合 }

A 與 B 的交集（Intersection）

A∩B = { A 且 B 的元素所組成的集合 }

A∪B 表示：A 與 B 的聯集（Union），屬於 A 或 B 的元素所組成的集合。

A∩B 表示：A 與 B 的交集（Intersection），同時屬於 A 和 B 的元素所組成的集合。

A 與 A^C 無交集

若 A 為事件，則 A^c 為餘事件。

則 $A \cup A^C = S$

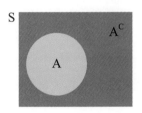

$\because P(S)=1$

$\therefore P(A) + P(A^C) = 1$

若 A_1，A_2，A_3 為 S 的分割集合（A_1，A_2，A_3 無交集）

則 $A_1 \cup A_2 \cup A_3 = S$

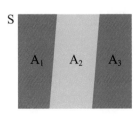

$\because P(S)=1$

$\therefore P(A_1) + P(A_2) + P(A_3) = 1$

若 A、B 為 S 中相依事件 (有交集)

則 $P(A \cup B) = P(A) + P(B) - P(A \cap B)$

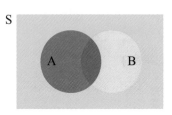

S

∵ A、B 為 S 中相依事件 (有交集)

∴ $A \cap B \neq \varnothing$，$P(A \cap B) \neq 0$

∴ $P(A \cup B) = P(A) + P(B) - P(A \cap B)$

若 A、B 為 S 中互斥事件 (無交集)

則 $P(A \cup B) = P(A) + P(B)$

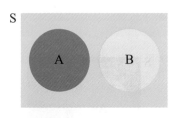

S

∵ A、B 為 S 中互斥事件 (無交集)

∴ $A \cap B = \phi$，$P(A \cap B) = 0$

∴ $P(A \cup B) = P(A) + P(B)$

機率的單調性

若 A、B 為 S 中兩事件，且 $A \subset B$

則 $P(A) \leq P(B)$

範例 4-4

若 A、B 為 S 中兩事件且 $P(A \cup B) = \dfrac{3}{4}$，$P(A^c) = \dfrac{2}{3}$，$P(A \cap B) = \dfrac{1}{4}$，求

1. $P(A)$
2. $P(B)$
3. $P(A \setminus B)$

1. $P(A) = 1 - P(A^c) = 1 - \dfrac{2}{3} = \dfrac{1}{3}$

2. $P(A \cup B) = P(A) + P(B) - P(A \cap B)$

   $P(B) = P(A \cup B) - P(A) + P(A \cap B) = \dfrac{3}{4} - \dfrac{1}{3} + \dfrac{1}{4} = \dfrac{8}{12} = \dfrac{2}{3}$

3. $P(A \setminus B) = P(A) - P(A \cap B) = \dfrac{1}{3} - \dfrac{1}{4} = \dfrac{1}{12}$

範例 4-5

小丸子班週考數學與自然兩科。已知數學及格為 4/7，自然及格為 3/8，數學或自然及格為 5/6。請問數學與自然兩科都及格機率。

令 A：數學及格 ∴$P(A) = \dfrac{4}{7}$

B：自然及格 ∴$P(B) = \dfrac{3}{8}$

數學或自然及格：$P(A \cup B) = \dfrac{5}{6}$

∵$P(A \cup B) = P(A) + P(B) - P(A \cap B)$

∴$\dfrac{5}{6} = \dfrac{4}{7} + \dfrac{3}{8} - P(A \cap B)$

$P(A \cap B) = \dfrac{4}{7} + \dfrac{3}{8} - \dfrac{5}{6} = \dfrac{19}{168}$

∴數學與自然兩科都及格機率$\dfrac{19}{168}$

條件機率

在特定事件 B 已發生條件下,求另一事件 A 發生的機率

$$P(A|B) = \frac{P(A \cap B)}{P(B)}, P(B) \neq 0$$

條件機率

在特定事件 A 已發生條件下,求另一事件 B 發生的機率

$$P(B|A) = \frac{P(A \cap B)}{P(A)}, P(A) \neq 0$$

範例 4-6

小丸子記錄一星期氣候狀況,共有 4 種狀況,記為

S={ 雨天、陰天、晴時多雲、晴天 }。且定義 A、B、C 三事件如下:

A= 不下雨 = { 陰天、晴時多雲、晴天 }

B= 下雨 = { 雨天 }

C= 有太陽 = { 晴時多雲、晴天 }

請小玉回答下列問題:

1. A^C

2. $A \cap B$

3. $A \cap C$

4. $P(A \cap C)$

5. $P(A \cup C)$

6. $P(A|C)$

 1. $A^C = S \backslash A = \{ 雨天 \} = B$

2. $A \cap B(交集) = \{ \quad \} = \varnothing$ 空集合

3. $A \cap C = \{ 晴時多雲、晴天 \}$

4. $P(A \cap C) = \dfrac{n(A \cap C)}{n(S)} = \dfrac{2}{4} = \dfrac{1}{2}$

5. $P(A \cup C) = \dfrac{P(A \cup C)}{P(S)} = \dfrac{3}{4}$

6. $P(A|C) = \dfrac{P(A \cap C)}{P(C)} = \dfrac{\dfrac{n(A \cap C)}{n(S)}}{\dfrac{n(C)}{n(S)}} = \dfrac{n(A \cap C)}{n(C)} = \dfrac{2}{2} = 1$

範例 4-7

摸彩箱中有號碼 1 ～ 10 的 10 顆球，記為

S={1、2、3、4、5、6、7、8、9、10}。且定義 A、B、C、D 四事件如下：

A：出現偶數事件

B：出現奇數事件

C：出現小於 6 的事件

D：出現大於 2 的事件

試問：

1. A= ?　B= ?　C= ?　D= ?

2. P(A)= ?　P(B)= ?　P(C)= ?　P(D)= ?

3. D^C= ?　A ∩ B= ?　A ∪ B= ?　B ∩ C= ?　B ∪ C= ?

4. $P(D^C)$= ?　P(A|D)=?　P(D|A)=?

解 1. A = {2、4、6、8、10}

B = {1、3、5、7、9}

C = {1、2、3、4、5}

D = {3、4、5、6、7、8、9、10}

2. $P(A) = \dfrac{n(A)}{n(S)} = \dfrac{5}{10} = \dfrac{1}{2}$

$P(B) = \dfrac{n(B)}{n(S)} = \dfrac{5}{10} = \dfrac{1}{2}$

$P(C) = \dfrac{n(C)}{n(S)} = \dfrac{5}{10} = \dfrac{1}{2}$

$P(D) = \dfrac{n(D)}{n(S)} = \dfrac{8}{10} = \dfrac{4}{5}$

3. $D^C = S \setminus D = \{1 \cdot 2\}$

$A \cap B = \{\ \} = \varnothing$

$A \cup B = \{1 \cdot 2 \cdot 3 \cdot 4 \cdot 5 \cdot 6 \cdot 7 \cdot 8 \cdot 9 \cdot 10\} = S$

$B \cap C = \{1 \cdot 3 \cdot 5\}$

$B \cup C = \{1 \cdot 2 \cdot 3 \cdot 4 \cdot 5 \cdot 7 \cdot 9\}$

4. $P = \left(D^C\right) = \dfrac{n\left(D^C\right)}{n(S)} = \dfrac{2}{10} = \dfrac{1}{5}$

$P\left(A|D\right) = \dfrac{n\left(A \cap D\right)}{n(D)} = \dfrac{4}{8} = \dfrac{1}{2}$

$P\left(A\right) = \dfrac{n\left(A\right)}{n(S)} = \dfrac{5}{10} = \dfrac{1}{2}$

$P\left(D|A\right) = \dfrac{n\left(D \cap A\right)}{n(A)} = \dfrac{4}{5}$

A, B 為獨立事件

滿足下列任一條件，則稱 A, B 為獨立事件 (彼此不會干擾對方發生機率)。

(1) $P\left(B \mid A\right) = P\left(B\right)$

(2) $P\left(A \mid B\right) = P\left(A\right)$

(3) $P\left(A \cap B\right) = P\left(A\right) \cdot P\left(B\right)$

說明：(1) $P\left(B|A\right) = P\left(B\right)$

左邊 $P\left(B|A\right)$ 是有 A 發生下，求 B 發生機率

右邊 $P\left(B\right)$ 是沒 A 發生下，求 B 發生機率

當 "左邊 = 右邊"，表示不論有沒有 A 發生，都不會影響 B 發生機率

範例 4-8

A B 為同一樣本空間之二事件，$P(A)=0.6$，$P(A\cup B)=0.8$，若 AB 為獨立事件，則 $P(B)=?$

解 ∵ AB 為獨立事件 ∴ $P(A\cap B)=P(A)\cdot P(B)$

∵ $P(A\cup B)=P(A)+P(B)-P(A\cap B)$

∴ $P(A\cup B)=P(A)+P(B)-P(A)\cdot P(B)$

$$0.8=0.6+P(B)-0.6\cdot P(B)$$

$$0.2=0.4\cdot P(B)$$

$$P(B)=0.5$$

 範例 4-9

設 A B 為兩事件，$P(A)=\dfrac{1}{3}$，$P(A\cup B)=\dfrac{7}{12}$

(1) 當 A B 為互斥事件時，求 $P(B)=?$

(2) 當 A B 為獨立事件時，求 $P(B)=?$

解 (1) ∵ AB 為互斥事件 (無交集)

∴ $A\cap B=\phi$，$P(A\cap B)=0$

∴ $P(A\cup B)=P(A)+P(B)$

$$\frac{7}{12}=\frac{1}{3}+P(B)$$

∴ $P(B)=\dfrac{7}{12}-\dfrac{1}{3}=\dfrac{1}{4}$

(2) ∵ A B 為獨立事件

∴ $P(A\cap B)=P(A)\cdot P(B)$

∵ $P(A\cup B)=P(A)+P(B)-P(A\cap B)$

∴ $P(A\cup B)=P(A)+P(B)-P(A)\cdot P(B)$

$$\frac{7}{12}=\frac{1}{3}+P(B)-\frac{1}{3}\cdot P(B)$$

$$\frac{7}{12} - \frac{1}{3} = \frac{2}{3}P(B)$$

$$P(B) = \frac{3}{8}$$

A, B, C 互為獨立事件

若事件 A, B, C 滿足下列四個條件，則稱 A, B, C 彼此獨立。

$$P(A \cap B) = P(A) \cdot P(B)$$

$$P(A \cap C) = P(A) \cdot P(C)$$

$$P(B \cap C) = P(B) \cdot P(C)$$

$$P(A \cap B \cap C) = P(A) \cdot P(B) \cdot P(C)$$

貝氏定理 (Baye's Theorem)

$$P(C_i \mid A) = \frac{P(C_i)\,P(A \mid C_i)}{\displaystyle\sum_{j=1}^{n} P(C_j)\,P(A \mid C_j)}, i = 1, 2, ..., n$$

倒果為因之機率求算方法

先找出結果之機率，然後由果以溯因，以找出事後機率。

 範例 4-10

假定有 10% 的人是由自己圈選號碼，中獎的機率為 0.01；90% 買樂透彩的人是由電腦選號，中獎的機率為 0.05。假設某一個人中獎了，則是由他自己圈選號碼的機率為何？

解 A = 自己圈選號碼　　A^C = 電腦選號

B = 中獎　　　　　　B^C = 不中獎

已知

$P(A) = 0.1$

$P(B \mid A) = 0.01$

$P(A^C) = 0.9$

$P(B \mid A^C) = 0.05$

求某一個人中獎了 (B)，則是由他自己圈選號碼 (A) 的機率為何？

$$P(A|B) = \frac{P(A\cap B)}{P(B)} = \frac{P(B|A)\cdot P(A)}{P(B\cap A)+P(B\cap A^c)} = \frac{0.01*0.1}{0.01*0.1+0.5*0.9} = \frac{0.001}{0.046} = 0.022$$

小秘笈 秘

古典機率理論的缺點：

1. 若樣本點的總個數為無限時，不能求得機率。
2. 樣本點的個數雖有限，但若不知其總個數為若干時，仍不能求得機率。
3. 各樣本點不具同等可能時，亦不能求得機率。

◆三 相對機率

相對機率（Frequency Probability）又稱「後天機率（Posterior Probability）」。此學派是以相對次數 f(x) 表示機率 P(x)，亦稱為統計機率 （Statistical Probability）。

隨機變數（Random Variable；r.v.）

隨機變數是一函數 X，其樣本空間 S 對應到實數 R，即

r.v. X : S → R

常以小寫 x 表示隨機變數的值

機率分配（Probability Distribution）

r.v. X 為試驗中的所有可能

$0 \le P(X_i) \le 1 \qquad \forall X$

$\sum P(X_i) = 1$

範例 4-11

花輪家的動物園有 80 隻鸚鵡、10 隻兔子、5 隻猴子、5 隻鹿,令 r.v.X 為動物的腳數。請寫出機率分配。

 解

S	鸚鵡	兔子	猴子	鹿
腳數	2	4	4	4
f(x)	$\frac{80}{100}$	$\frac{10}{100}$	$\frac{5}{100}$	$\frac{5}{100}$

r.v.X	2	4
f(x)	$\frac{80}{100}$	$\frac{20}{100}$

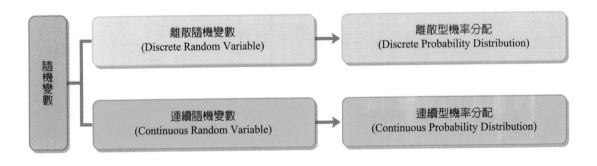

隨機變數	離散隨機變數 (Discrete Random Variable) →	離散型機率分配 (Discrete Probability Distribution)
	連續隨機變數 (Continuous Random Variable) →	連續型機率分配 (Continuous Probability Distribution)

離散型機率分配的期望值(Expected Value)

$$E(X) = \sum X \cdot P(X)$$

期望值即是 μ

範例 4-12

丟 1 個骰子，令 r.v.X 為出現點數

r.v.X	1	2	3	4	5	6
P(X)	$\frac{3}{10}$	$\frac{2}{10}$	$\frac{1}{10}$	$\frac{1}{10}$	$\frac{1}{10}$	$\frac{2}{10}$

試問 1. 是否為機率分配？

　　 2. 此機率分配的期望值為何？

解 1. 是，是機率分配

2. 機率分配的期望值

方法一

$$E(X) = \sum X \cdot P(X)$$

$$= 1 \cdot P(1) + 2 \cdot P(2) + 3 \cdot P(3) + 4 \cdot P(4) + 5 \cdot P(5) + 6 \cdot P(6)$$

$$= 1 \times \frac{3}{10} + 2 \times \frac{2}{10} + 3 \times \frac{1}{10} + 4 \times \frac{1}{10} + 5 \times \frac{1}{10} + 6 \times \frac{2}{10}$$

$$= \frac{3 + 4 + 3 + 4 + 5 + 12}{10}$$

$$= \frac{31}{10}$$

$$= 3.1$$

 **小秘笈** 秘

E(x) 的計算 -- 括弧內照抄，乘上機率 p(x)，做加總 Σ。例如：

$$E(x) = \sum (x) p(x)$$

$$E(3x - 2) = \sum (3x - 2) p(x)$$

方法二 利用表格計算

r.v.X	1	2	3	4	5	6	
P(X)	$\frac{3}{10}$	$\frac{2}{10}$	$\frac{1}{10}$	$\frac{1}{10}$	$\frac{1}{10}$	$\frac{2}{10}$	
X·P(X)	$\frac{3}{10}$	$\frac{4}{10}$	$\frac{3}{10}$	$\frac{4}{10}$	$\frac{5}{10}$	$\frac{12}{10}$	$\sum = \frac{31}{10} = 3.1$

範例 4-13

遊戲名稱：丟 1 個公正骰子，拿獎金。

遊戲規則：丟一次需付 33 元，可得到出現「點數 ×10 倍」的獎金。

解 令 r.v.X 丟公正骰子 1 次得到獎金

S	1	2	3	4	5	6	
r.v.X	10	20	30	40	50	60	
P(X)	$\frac{1}{6}$	$\frac{1}{6}$	$\frac{1}{6}$	$\frac{1}{6}$	$\frac{1}{6}$	$\frac{1}{6}$	
X·P(X)	$\frac{10}{6}$	$\frac{20}{6}$	$\frac{30}{6}$	$\frac{40}{6}$	$\frac{50}{6}$	$\frac{60}{6}$	$\sum = \frac{210}{6} = 35$

E(X)=35 元為平均被領的獎金金額，而丟一次需付 33 元。長期下來，莊家"賠"。

期望值的定理：

(1) $E(a) = a$ (a 為常數)

(2) $E(a+bX) = a+bE(X)$

(3) $E(X+Y) = E(X)+E(Y)$

(4) $E(X^2) \neq \left[E(X)\right]^2$

(5) $E(XY) \neq E(X)E(Y)$

小秘笈 秘

計算口訣

$E(a+bX)$：E 搬進去括弧，所有常數照抄

範例 4-14

已知 $E(X)=5$，$E(Y)=7$，請問

1. $E(3+6X)=?$
2. $E(3+6X-4Y)=?$

解 1. $E(3+6X) = E(3)+6E(X)$
$$= 3+6\times5$$
$$= 33$$

2. $E(3+6X-4Y) = E(3)+6E(X)-4E(Y)$
$$= 3+6\times5-4\times7$$
$$= 5$$

範例 4-15

假設籃子內有 5 種 ●●●●● 色球，共 100 顆，抽到色球的對應獎金如下：

球色	顆數	獎金 NT$
紅球 ●	1	500
藍球 ●	3	200
黃球 ●	6	100
綠球 ●	20	50
紫球 ●	70	0

1. 玩一次付多少錢才不會虧？
2. 若獎金加倍，則玩一次付多少錢？
3. 若獎金 1.2 倍再加 10 元，則玩一次付多少錢？

1. 玩一次付多少錢才不會虧？

r.v.X 為抽中獎金金額

r.v.X	500	200	100	50	0
$f(x) = P(X)$	$\dfrac{1}{100}$	$\dfrac{3}{100}$	$\dfrac{6}{100}$	$\dfrac{20}{100}$	$\dfrac{70}{100}$

$E(X) = \sum (X) \cdot P(X)$

r.v.X	500	200	100	50	0	
$P(X)$	0.01	0.03	0.06	0.2	0.7	
$x \cdot P(X)$	5	6	6	10	0	$\sum = 27$

$E(X) = 27$，為長時間玩下來，平均被抽取獎金，只要大於 27 元就不會賠。

2. 若獎金加倍，則玩一次付多少錢？

方法一

r.v. 2X	1000	400	200	100	0	
r.v. X	500	200	100	50	0	
$P(X)$	0.01	0.03	0.06	0.2	0.7	
$2X \cdot P(X)$	10	12	12	20	0	$\sum = 54$

$E(2X) = \sum (2X)P(X) = 54$ 元

方法二

$E(2X) = 2 \times E(X) = 2 \times 27 = 54$

小秘笈 秘

計算口訣

$E(2X)$：E 搬進去括弧，常數 2 照抄

3. 若獎金 1.2 倍再加 10 元，則玩一次付多少錢？

方法一

r.v. (1.2X+10)	610	250	130	70	10
r.v. X	500	200	100	50	0
$P(X)$	0.01	0.03	0.06	0.2	0.7
$(1.2X+10)\cdot P(X)$	6.1	7.5	7.8	14	7

$\sum = 42.4$

$$E(1.2X+10) = \sum(1.2X+10)P(X) = 42.4 \text{ 元}$$

方法二

$$E(1.2X+10) = 1.2E(X)+10 = 42.4$$

計算口訣

E(1.2+10X)：E 搬進去括弧，常數 1.2 與 10 照抄

離散型機率分配的變異數 (Variance)

$$Var(X) = E(X-\mu)^2$$
$$= \sum(X-\mu)^2 \cdot P(X)$$
$$Var(X) = E(X-E(X))^2$$
$$= \sum(X-E(X))^2 \cdot P(X)$$
$$Var(X) = E(X^2)-(E(X))^2$$

變異數即是 σ^2

範例 **4-16**

r.v.X 的機率分配如下：

r.v.X	10	20	30
P(X)	0.5	0.3	0.2

求1. $E(X) = ?$

2. $E(X^2) = ?$

3. $V(X) = ?$

解 1. $E(X)$

r.v.X	10	20	30
P(X)	0.5	0.3	0.2
X·P(X)	5	6	6

$\sum = 17$

$E(X) = \sum X \cdot P(X) = 17$

2. $E(X^2)$

r.v.X^2	10^2	20^2	30^2
P(X)	0.5	0.3	0.2
$X^2 \cdot P(X)$	50	120	180

$\sum = 350$

$E(X^2) = \sum X^2 \cdot P(X) = 350$

3. $V(X) = E(X^2) - [E(X)]^2$

$\quad = 350 - 17^2$

$\quad = 350 - 289$

$\quad = 61$

範例 4-17

丟兩顆骰子的隨機試驗，試求：

1. 令 r.v.X 為「兩骰子和」，寫出 r.v.X 機率分配。

2. $E(X) = ?$

3. $E(X^2) = ?$

4. $V(X) = ?$

解 1. 寫出 r.v.X 為「兩骰子和」的機率分配

兩骰子的樣本空間，36 個樣本點。

$$S = \begin{Bmatrix} (1,1)(1,2)(1,3)(1,4)(1,5)(1,6) \\ (2,1)(2,2)(2,3)(2,4)(2,5)(2,6) \\ (3,1)(3,2)(3,3)(3,4)(3,5)(3,6) \\ (4,1)(4,2)(4,3)(4,4)(4,5)(4,6) \\ (5,1)(5,2)(5,3)(5,4)(5,5)(5,6) \\ (6,1)(6,2)(6,3)(6,4)(6,5)(6,6) \end{Bmatrix}$$

（對角線上標示：2 3 4 5 6 7 8 9 10 11 12）

X	2	3	4	5	6	7	8	9	10	11	12
$P(X) = \dfrac{n(x_i)}{n(S)}$	$\dfrac{1}{36}$	$\dfrac{2}{36}$	$\dfrac{3}{36}$	$\dfrac{4}{36}$	$\dfrac{5}{36}$	$\dfrac{6}{36}$	$\dfrac{5}{36}$	$\dfrac{4}{36}$	$\dfrac{3}{36}$	$\dfrac{2}{36}$	$\dfrac{1}{36}$

2. 求 $E(X) = ?$

X	2	3	4	5	6	7	8	9	10	11	12	
$P(X) = \dfrac{n(x_i)}{n(S)}$	$\dfrac{1}{36}$	$\dfrac{2}{36}$	$\dfrac{3}{36}$	$\dfrac{4}{36}$	$\dfrac{5}{36}$	$\dfrac{6}{36}$	$\dfrac{5}{36}$	$\dfrac{4}{36}$	$\dfrac{3}{36}$	$\dfrac{2}{36}$	$\dfrac{1}{36}$	
$X \cdot P(X)$	$\dfrac{2}{36}$	$\dfrac{6}{36}$	$\dfrac{12}{36}$	$\dfrac{20}{36}$	$\dfrac{30}{36}$	$\dfrac{42}{36}$	$\dfrac{40}{36}$	$\dfrac{36}{36}$	$\dfrac{30}{36}$	$\dfrac{22}{36}$	$\dfrac{12}{36}$	$\sum = \dfrac{252}{36} = 7$

$$E(X) = \sum X \cdot P(X) = 7$$

3. 求 $E(X^2) = ?$

$$E(X^2) = \sum X^2 \cdot P(X) = 54.83$$

X^2	4	9	16	25	36	49	64	81	100	121	144	
X	2	3	4	5	6	7	8	9	10	11	12	
$P(X) = \dfrac{n(x_i)}{n(S)}$	$\dfrac{1}{36}$	$\dfrac{2}{36}$	$\dfrac{3}{36}$	$\dfrac{4}{36}$	$\dfrac{5}{36}$	$\dfrac{6}{36}$	$\dfrac{5}{36}$	$\dfrac{4}{36}$	$\dfrac{3}{36}$	$\dfrac{2}{36}$	$\dfrac{1}{36}$	
$X^2 \cdot P(X)$	$\dfrac{4}{36}$	$\dfrac{18}{36}$	$\dfrac{48}{36}$	$\dfrac{100}{36}$	$\dfrac{180}{36}$	$\dfrac{294}{36}$	$\dfrac{320}{36}$	$\dfrac{324}{36}$	$\dfrac{300}{36}$	$\dfrac{242}{36}$	$\dfrac{144}{36}$	$\sum = \dfrac{1974}{36}$ $= 54.83$

4. 求 $V(X) = ?$

$$V(X) = E(X^2) - \left[E(X) \right]^2$$
$$= 54.83 - 7^2$$
$$= 5.83$$

變異數的定理：

(1) $V(a) = 0$ (a 為常數)

(2) $V(bX) = b^2 V(X)$

(3) $V(a + bX) = b^2 V(X)$

(4) $V(aX \pm bY) = a^2 V(X) + b^2 V(Y) \pm 2ab \cdot COV(X, Y)$

(5) 若當 X 與 Y 互相獨立，$COV(X, Y) = 0$，則 $V(aX \pm bY) = a^2 V(X) + b^2 V(Y)$

範例 4-18

已知 $V(X) = 8$ 、$V(Y) = 6$ ，且 X 與 Y 互相獨立，求 $V(3X - 2Y)$ 。

解 X 與 Y 互相獨立隱含 $\text{cov}(X, Y) = 0$，因此

$$V(3X - 2Y) = 3^2 V(X) + (-2)^2 V(Y) = 9 \times 8 + 4 \times 6 = 96$$

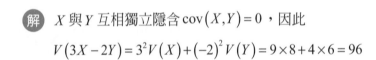

一、是非題

( ) 1. 若 E 與 F 是兩件事，$E \subset F$ 則 $P(E^c) + P(F) \leq 1$。

( ) 2. 若 E 與 F 為互相獨立事件，則 $P(E \cap F) = P(E)P(F)$。

( ) 3. 若 A 與 B 兩件事不可能同時發生，則稱 A 與 B 為互斥事件。

( ) 4. 若 A 與 B 兩件事為獨立事件，則 $P(A \cap B) = 0$。

( ) 5. 若 X 與 Y 是互相獨立的隨機變數，則 $Var(X + Y) = Var(X - Y)$。

( ) 6. $P(X = 1) = 0.1$，$P(X = 2) = -0.3$，$P(X = 3) = 0.3$，$P(X = 4) = 0.4$，$P(X = 5) = 0.5$，滿足離散機率分配之條件。

( ) 7. 令隨機變數 X 的機率分配如下，令 $Y = X^2$，則 $P(Y = 1) = 0.6$

x	-1	0	1	2
P(X=x)	0.4	0.3	0.2	0.1

( ) 8. 臺灣家庭子女數機率如下，子女數 2 人或以上稱為「抗少子化家庭」，表示臺灣「抗少子化家庭」機率為 0.3

子女數	0	1	2	3+
機率	0.4	0.3	0.2	0.1

二、選擇題　(＊為複選題)

( ) 1. A 與 B 兩件事，若 $P(A) = 0.4$ 與 $P(B) = 0.5$ 且 $P(A \cap B) = 0.2$，則 $P(B|A) = ?$
(A) 0.2　(B) 0.3　(C) 0.5　(D) 0.8。

( ) 2. A 與 B 兩件事，若 $P(A) = 0.4$ 與 $P(B) = 0.5$ 且 $P(A|B) = 0.2$，則 $P(B|A) = ?$
(A) 0.1　(B) 0.4　(C) 0.25　(D) 0.5。

( ) 3. A 與 B 兩件事，若 $P(A) = 0.3, P(B|A) = 0.4, P(A \cup B) = 0.7$。則 $P(B) = ?$
(A) 0.24　(B) 0.52　(C) 0.75　(D) 0.49。

( ) 4. A 與 B 兩件事，若 $P(A) = 0.4, P(B|A) = 0.5, P(B) = 0.2$。則 $P(A \cup B) = ?$
(A) 0.1　(B) 0.4　(C) 0.7　(D) 0.5。

章後習題

( ) 5. A 與 B 兩件事，若 P(A) = 0.3, P(B) = 0.6 ,P(A∩B) = 0.15。則 P(B|A) = ？
(A) 0.1　(B) 0.25　(C) 0.7　(D) 0.5。

( ) 6. A 與 B 兩件事，若 P(A) = 0.3, P(B) = 0.4 , P(A∩B) = 0.06, 則 A 與 B 為：
(A) 獨立事件　(B) 相依事件　(C) 互斥事件　(D) 互補事件。

( ) 7. A 與 B 兩件事，若 P(A) = 0.4 與 P(B) = 0.5，則條件機率 P($A|B$) 的最大值
為何？　(A) 0.4　(B) 0.2　(C) 0.5　(D) 0.8。

( ) 8. A 與 B 兩件事，若 P(A) = 0.4 與 P(B) = 0.6，則 P(A∪B) 的最大值為何？
(A) 0.4　(B) 0.6　(C) 1.0　(D) 0.8。

( ) 9. 隨機變數 X 值為 -1,0,1，其對應機率 P(X = -1) = 0.2, P(X = 0) = 0.3, P(X = 1)
= 0.5，E(X^2) = ？　(A) -0.1　(B) 0.2　(C) 0.38　(D) 0.7。

( ) 10. 丟擲兩顆公正骰子一次，令隨機變數 X 表其出現的點數和，求 P(X = 6) 的
值。　(A) 2/36　(B) 4/36　(C) 5/36　(D) 6/36。

( ) 11. 已知袋子內有 4 顆白球與 6 顆紅球，隨機取出 1 球，令 X = $\begin{cases} 1, \text{取出白球} \\ 2, \text{取出紅球} \end{cases}$ 求
E(X) = ？　(A) 16/10　(B) 4/10　(C) 6/10　(D) 14/10。

( ) 12. 令隨機變數 X 的機率函數為 P(X = x) = $\frac{x}{10}$，其中 x = 1,2,3,4。則 E(X) = ？
(A) 1　(B) 3　(C) 6　(D) 10。

( ) 13. 令隨機變數 X 的機率函數為 P(X = x) = $\frac{x}{10}$，其中 x = 1,2,3,4。則 Var(X) = ？
(A) 1　(B) 3　(C) 6　(D) 10。

( ) 14. 隨機變數 X 的期望值 E(X) = 2 與變異數 Var(X) = 3。令 Y = 3X+1，則
E(Y) = ？　(A) 7　(B) 9　(C) 13　(D) 27。

( ) 15. 隨機變數 X 的期望值 E(X) = 2 與變異數 Var(X) = 3。令 Y = 2X+1，則
E(Y) = ？　(A) 5　(B) 9　(C) 13　(D) 27。

*(　　) 16. 若事件 E 與 F 互相獨立，則下列哪些正確？　(A) $P(E\cap F)=P(E)P(F)$

(B) $P(E\cap F^c)=P(E)P(F^c)$　(C) $P(E\cup F)=P(E)+P(F)$　(D) $P(E\cap F)=0$

(E) $P(E|F)=P(E)$。

*(　　) 17. 若事件 E 與 F 互斥，則下列哪些正確？　(A) $P(E\cap F)=P(E)P(F)$

(B) $P(E\cap F^c)=P(E)P(F^c)$　(C) $P(E\cup F)=P(E)+P(F)$　(D) $P(E\cap F)=0$

(E) $P(E|F)=0$。

三、計算題

1. 小丸子班國語及格率為 $\dfrac{3}{5}$，數學及格率為 $\dfrac{2}{7}$，至少一科及格機率為 $\dfrac{7}{8}$，則該生兩科成績皆及格的機率為何？

2. 兩事件 A、B，若 $P(A)=0.5$，$P(B)=0.2$，且 $P(A\cup B)=0.6$，試求：　(1) $P(A\cap B)=$ ？
(2) $P(B|A)=$ ？　(3) $P(A|B)=$ ？

3. 隨機變數 X 機率分配如下表：

X	1	2	3	4	5
$f(x)$	0.1	0.2	0.3	0.3	0.1

(1) $E(X)=$ ？　(2) $P(X\geq 3)=$ ？　(3) $P(2<X\leq 4)=$ ？　(4) $Var(X)=$ ？

4. 學生園遊會擺攤。設計玩一次 60 元抽抽樂，有 5 種色籤，共 100 枝籤，抽到色籤顏色其對應獎金如下：

色籤	籤數	獎金 (r.v.X)
金色	1	1000
紅色	4	500
綠色	10	100
白色	25	50
黑色	60	10

(1) 抽中獎金大於 100 機率？

(2) 獎金平均金額，即 E(X)？學生園遊會擺攤會虧本 or 賺錢？

(3) 獎金變異數，即 V(X)？

(4) 若獎金調整為兩倍再加 10 元，應要求玩一次付多少錢，才不會虧錢？

獎金平均金額 E(2X+10) = ？獎金變異數 V(2X+10) = ？

5. 某機械加工廠要求員工皆需加保意外傷害險，保險金額是二百萬元，根據歷年來的統計發現該公司發生意外傷害的機率是 1/250，則保險公司至少應收多少保費才不會虧本？

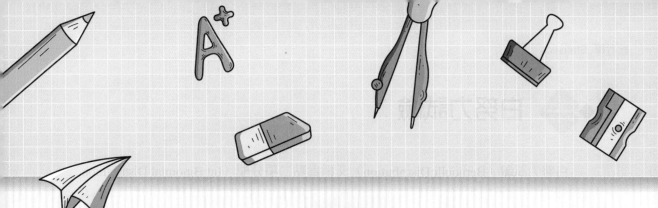

Chapter

5

離散型機率分配

一、白努力試驗

二、二項分配

三、卜瓦松分配

四、超幾何分配

PART 2 ▶ 機率篇

一 白努力試驗

白努力試驗（Bernoulli Distribution）又稱為點二項分配（Int Binomial Distribution）。

白努力試驗 (Bernoulli Distribution)

　　白努力試驗僅試驗 1 次

　　r.v.X 為試驗 1 次，成功次數。成功的機率 p，失敗的機率 (1-p)

　　r.v.X ~ $\text{Bernoulli}(p)$

則　機率函數　$P(x) = f(x, p) = p^x (1-p)^{1-x} \quad x \in \{0, 1\},$
$$0 < p < 1$$

其　$E(x) = p$
　　$V(x) = p(1-p)$

範例 5-1

　　假設丟骰子 出現 "紅點 1" 為成功，其餘皆失敗，r.v.X 為試驗一次中出現 "紅點 1" 的次數，請寫出機率分配。

解 r.v.X 為丟一次骰子試驗中出現 "1" 的次數

$$f(x) = \left(\frac{1}{6}\right)^x \cdot \left(\frac{5}{6}\right)^{1-x} \quad x = 0, 1$$

$$f(0) = \left(\frac{1}{6}\right)^0 \cdot \left(\frac{5}{6}\right)^1 = \frac{5}{6}$$

$$f(1) = \left(\frac{1}{6}\right)^1 \cdot \left(\frac{5}{6}\right)^0 = \frac{1}{6}$$

S	●	●	●	●	●	●
r.v.Y	1	2	3	4	5	6
P(Y)	$\frac{1}{6}$	$\frac{1}{6}$	$\frac{1}{6}$	$\frac{1}{6}$	$\frac{1}{6}$	$\frac{1}{6}$

r.v.X	1	0
P(x)	$\dfrac{1}{6}$	$\dfrac{5}{6}$

範例 5-2

池中有紅魚 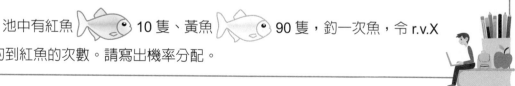 10 隻、黃魚 90 隻，釣一次魚，令 r.v.X 為釣到紅魚的次數。請寫出機率分配。

解 r.v.X 為釣一次魚出現紅魚次數

$$f(x) = (0.1)^x \cdot (0.9)^{1-x} \quad x = 0,1$$

◆二　二項分配

二項分配（Binomial Distribution）

二項分配僅試驗 n 次

r.v.X 為試驗 n 次，成功次數。每次試驗成功的機率 p，

失敗的機率 (1-p)

r.v.X $\sim B(n, p)$

則　機率函數　$P(x) = f(x; n, p) = C_x^n p^x (1-p)^{n-x} \quad x = 0, 1, 2, \dots, n,$

$$0 < p < 1$$

其　$E(x) = np$

$V(x) = np(1-p)$

二項分配與白努力分配的關係

若 $X_1, X_2, \dots, X_n$ 為相同且互相獨立的白努力分配，

令　$X = X_1 + X_2 + \dots + X_n$

則 X 為二項分配。

範例 5-3

進行丟骰子 3 次的隨機試驗，r.v.X 為出現 "紅點 1" 的次數。
寫出機率分配。

解 r.v.X 可能出現 0 次，或 1 次，或 2 次，或 3 次的 "紅點 1"

方法一

r.v.X	0	1	2	3
狀況	●●●	●●● ●●● ●●●	●●● ●●● ●●●	●●●
p(x)	$\left(\dfrac{5}{6}\right)^3$	$3\left(\dfrac{1}{6}\right)^1\left(\dfrac{5}{6}\right)^2$	$3\left(\dfrac{1}{6}\right)^2\left(\dfrac{5}{6}\right)^1$	$\left(\dfrac{1}{6}\right)^3$

小秘笈 秘

機率的計算：

若陳述是 " 且 "，則利用 " 相乘 "，

若陳述是 " 或 "，則利用 " 相加 "，

比方：●●●

陳述是 " 丟第 1 次沒紅點 1" 且 " 丟第 2 次沒紅點 1" 且 " 丟第 3 次沒紅點 1"

則發生機率為 $\dfrac{5}{6} \times \dfrac{5}{6} \times \dfrac{5}{6}$

方法二

$$f(x) = C_X^3 \cdot \left(\frac{1}{6}\right)^X \cdot \left(\frac{5}{6}\right)^{3-x} \quad x = 0, 1, 2, 3$$

$$f(0) = C_0^3 \cdot \left(\frac{1}{6}\right)^0 \cdot \left(\frac{5}{6}\right)^3 = 1 \times 1 \times \left(\frac{5}{6}\right)^3 = \left(\frac{5}{6}\right)^3$$

$$f(1) = C_1^3 \cdot \left(\frac{1}{6}\right)^1 \cdot \left(\frac{5}{6}\right)^2 = 3 \times \left(\frac{1}{6}\right)^1 \times \left(\frac{5}{6}\right)^2$$

$$f(2) = C_2^3 \cdot \left(\frac{1}{6}\right)^2 \cdot \left(\frac{5}{6}\right)^1 = 3 \times \left(\frac{1}{6}\right)^2 \times \left(\frac{5}{6}\right)^1$$

$$f(3) = C_3^3 \cdot \left(\frac{1}{6}\right)^3 \cdot \left(\frac{5}{6}\right)^0 = 1 \times \left(\frac{1}{6}\right)^3 \times 1 = \left(\frac{1}{6}\right)^3$$

範例 5-4

花輪家魚池養了紅魚 10 隻、黃魚 90 隻。若小丸子釣 10 次魚（取出放回），令 r.v.X 為釣到紅魚的次數。

1. 寫出機率分配為何？
2. 平均會釣到幾隻紅魚？

 1. 令 r.v.X 為釣 10 次中紅魚次數

$$f(x) = C_X^{10} \cdot (0.1)^X \cdot (0.9)^{10-X} \qquad X = 0, 1, 2, \cdots 10$$

2. $E(X) = \sum X \cdot P(X)$

$$= 0 \cdot f(0) + 1 \cdot f(1) + 2 \cdot f(2) + \cdots + 10 \cdot f(10)$$

$$= 0 + C_1^{10} \cdot (0.1)^1 \cdot (0.9)^9 + C_2^{10} \cdot (0.1)^2 \cdot (0.9)^8 + \cdots + C_{10}^{10} \cdot (0.1)^{10} \cdot (0.9)^0$$

$$= 1$$

$$E(X) = np = 10 \times 0.1 = 1$$

範例 **5-5**

今天國文老師出了 20 題是非題，小丸子每題都不確定，準備用銅板隨機擲答案。請問該生猜對題數的期望值？變異數？

解 令 r.v.X 為 20 題猜對題數次數

$$P(X=x) = C_x^{20} \left(\frac{1}{2}\right)^x \left(\frac{1}{2}\right)^{20-x} \qquad x=0 \cdot 1 \cdot 2 \cdot \cdots 20$$

E(X)=np=20*1/2=10

V(X)=npq=20*1/2*1/2=5

範例 **5-6**

連續擲一公正骰子 5 次，請問這 5 次中恰有 3 次點數大於等於 2 的機率為何？

解 令 r.v.X 為擲公正骰子 5 次中，出現 "大於等於 2" 之次數

$$P(X=x) = C_x^5 \left(\frac{5}{6}\right)^x \left(\frac{1}{6}\right)^{5-x} \qquad x=0 \cdot 1 \cdot 2 \cdot 3 \cdot 4 \cdot 5$$

$$P(X=3) = C_3^5 \left(\frac{5}{6}\right)^3 \left(\frac{1}{6}\right)^2 = 0.161$$

 ## 卜瓦松分配

卜瓦松分配（**Poisson Distribution**）

r.v.X 為單位 **xx** 下，發生次數。

r.v.X ~ Poisson(λ)

則 機率函數 $P(x) = f(x;\lambda) = \dfrac{e^{-\lambda}\lambda^x}{x!}$ x = 0, 1, 2, ...,

$\lambda > 0,$

λ 為單位 **xx** 下，平均發生次數。

其 $E(x) = \lambda$

$V(x) = \lambda$

小祕笈 秘

卜瓦松的 r.v.X 是單位 xx 下，發生 ? 次數

a set unit of time, area, volume, length

一個綠燈，通過幾台車　　　　　r.v.X＝? 台車 / 時間單位

一棵蘋果樹，長幾個蘋果　　　　r.v.X＝? 蘋果 / 一棵樹單位

範例 5-7

花輪家的蘋果園有 1000 株，平均一株有 30 顆蘋果

請問：

1. 花輪家一株蘋果樹上蘋果顆數的機率分配為何？

2. 隨機看一株，沒半顆蘋果的機率為何？

3. 隨機看一株，超過 3 顆蘋果的機率為何？

 解 r.v.X: 花輪家一株蘋果，有幾顆蘋果

$\lambda = 30$ 顆 / 株

1. $f(x) = \dfrac{e^{-30} \cdot 30^x}{x!}$　　$x = 0 \cdot 1 \cdot 2 \cdots$

2. $P(x=0) = f(0) = \dfrac{e^{-30} \cdot 30^0}{0!} = e^{-30}$

3. $P(x>3) = f(4) + f(5) + f(6) + f(7) + \cdots$

$\qquad = 1 - f(0) - f(1) - f(2) - f(3)$

$\qquad = 1 - e^{-30} - \dfrac{e^{-30} \cdot 30^1}{1!} - \dfrac{e^{-30} \cdot 30^2}{2!} - \dfrac{e^{-30} \cdot 30^3}{3!}$

$\qquad = 0.999$

範例 5-8

高雄市 1 ～ 10 月每月因車禍死亡人數如下：

12、8、10、7、8、12、13、10、9、11（人）

請問：

1. 寫出每月發生車禍死亡人數之機率分配？
2. 下個月竟沒有人因車禍死亡機率為何？
3. 下個月恰有 8 人死亡機率為何？
4. 下個月低於 3 人死亡機率為何？
5. 下個月超過 2 人死亡機率為何？

解 令 r.v.X 為每月發生車禍死亡人數

1. $\lambda = \dfrac{12+8+10+7+...+11}{10}$（人／月）

   $f\left(x\right) = \dfrac{e^{-\lambda} \times \lambda^{x}}{x!} = \dfrac{e^{-10} \times 10^{x}}{x!} \quad x = 0,1,2,3\cdots$

2. $P\left(X=0\right) = f\left(0\right) = \dfrac{e^{-10} \times 10^{0}}{0!} = \dfrac{e^{-10} \times 1}{1!} = 0.0004579$

3. $P\left(X=8\right) = f\left(8\right) = \dfrac{e^{-10} \times 10^{8}}{8!} = 0.1112599 = 11.2599\%$

4. $P\left(X<3\right) = P\left(x=0\right) + P\left(x=1\right) + P\left(x=2\right)$

   $= f\left(0\right) + f\left(1\right) + f\left(2\right)$

   $= \dfrac{e^{-10} \times 10^{0}}{0!} + \dfrac{e^{-10} \times 10^{1}}{1!} + \dfrac{e^{-10} \times 10^{2}}{2!}$

   $= 2.769^{-03} = 0.002769 = 2.7690$

5. $P\left(X>2\right) = f\left(3\right) + f\left(4\right) + f\left(5\right) + ...$

   $= 1 - \left[f\left(0\right) + f\left(1\right) + f\left(2\right)\right]$

   $= 1 - 0.002769$

   $= 0.997231$

範例 5-9

高雄市夏天為登革熱尖峰期,在過去 14 天,每天新增人數如下:

2、3、4、4、5、6、6、7、8、5、6、4、4、6

請問:

1. 每天新增登革熱病例的機率分配為何?
2. 明天沒有新增病例機率為何?
3. 明天恰有 3 起新病例機率為何?
4. 明天低於 2 人機率為何?
5. 明天超過 1 人機率為何?

解 令 r.v.X 為每天增加登革熱次數

1. $\lambda \quad \dfrac{2+3+4+4+\ldots+6}{14} = 5$ (人 / 天)

   $$f(X) = \dfrac{e^{-5} \times 5^x}{x!} \quad x = 0,1,2,3,\ldots$$

2. $P(X=0) = f(0) = \dfrac{e^{-5} \times 5^0}{0!} = 0.00673$

3. $P(X=3) = f(3) = \dfrac{e^{-5} \times 5^3}{3!} = 0.14037$

4. $P(X<2) = f(0)+f(1) = \dfrac{e^{-5} \times 5^0}{0!} + \dfrac{e^{-5} \times 5^1}{1!} = 0.040427$

5. $P(X>1) = f(2)+f(3)+f(4)+\ldots$

   $\qquad = 1 - \left[f(0)+f(1) \right] = 1 - 0.040427 = 0.959573$

範例 5-10

若 0.15% 的車子有保颱風洪水險，則 100 輛泡水車中，

1. 恰好有 2 輛車有保洪水險的機率為何？
2. 沒有車輛保洪水險的機率為何？

解 $p = 0.15\% = 0.0015$，$n = 100$，二項分配

$$P(X = 2) = C_2^{100} \times 0.0015^2 \times 0.9985^{98} = 0.00961$$

$$P(X = 0) = C_0^{100} \times 0.0015^0 \times 0.9985^{100} = 0.8606$$

或

$\lambda = np = 100 \times 0.15\% = 0.15$，卜瓦松分配

$$P(X = 2) = \frac{0.15^2}{2!} e^{-0.15} = 0.01125 \times 0.8607 = 0.00961$$

$$P(X = 0) = \frac{0.15^0}{0!} e^{-0.15} = e^{-0.15} = 0.8606$$

小秘笈 秘

卜瓦松隨機變數具以下性質：

1. 某事件發生一次的機率與「時間的長度」或是「區域大小」成正比。
2. 在「極短的時間」或「極小的區域」內，某事件發生兩次的機率幾乎為零。也就是說，任何兩事件發生，就時間而言可以區分前後，就發生地點而言可以分別彼此。
3. 任兩個不重疊的時間或區域，某事件發生的次數彼此間相互獨立。

◆四 超幾何分配

超幾何分配（Hyper-geometric Distribution）如同二項分配，只是成功機率在抽取樣本的過程會變動。

超幾何分配（Hyper-geometric Distribution）

有限個 N 物件中抽出 n 個物件，成功抽出指定種類 S 物件的個數 x

隨機變數：n 個樣本中有 x 個『成功』：

則　機率函數　$P(x) = f(x; n, N, S,) = \dfrac{C_x^S C_{n-x}^{N-S}}{C_n^N}$，$X = 0, 1, 2, ..., n$，

$$0 \leq S \leq N$$

其　$E(x) = n\dfrac{S}{N}$

$V(x) = n\dfrac{S}{N}\left(1 - \dfrac{S}{N}\right)\dfrac{N-n}{N-1}$

超幾何分配與二項分配的關係在於抽取後『不放回』與抽取後『放回』。超幾何分配是『不放回』的情況，若抽取後『放回』，則抽到『成功』的機率都是 $P = \dfrac{S}{N}$，故與二項分配相同。超幾何分配可視為 $P = \dfrac{S}{N}$ 的二項分配，只是變異數需加上修正項 $\dfrac{N-n}{N-1}$：

$E(X) = np = n\dfrac{S}{N}$，

$V(x) = np(1-p)\dfrac{N-n}{N-1} = n\dfrac{S}{N}\left(1 - \dfrac{S}{N}\right)\dfrac{N-n}{N-1}$

一、是非題

( ) 1. 若 X 表示 n 次獨立相同的白努力實驗中成功的總次數，則 X 的機率分配為二項分配。

( ) 2. 抓娃娃機每一小時內平均有 6 位顧客來抓玩偶，即 λ = 6 的 Poisson 波氏分配。在 20 分鐘內來顧客人數為 λ =2 的 Poisson 波氏分配。

( ) 3. 抓娃娃機在每一小時內的 6 位抓玩偶，在 20 分鐘內來顧客人數的期望值為 2。

( ) 4. 抓娃娃機在每一小時內的 6 位抓玩偶，在 20 分鐘內來顧客人數的變異數為 2。

( ) 5. 抓娃娃機在每一小時內的 6 位抓玩偶，在 20 分鐘內來顧客人數的與期望值相等。

( ) 6. 已知班上 50 名同學中有 20 名女生 30 名男生。現在由此班隨機抽出 10 名同學，則抽中男生人數的期望值大於其變異數。

( ) 7. 二項實驗的基本假設是每一次試驗（Trial）之間皆互為獨立。

二、選擇題　(＊為複選題)

( ) 1. 假設腳踏車出租店有電動腳踏車之機率為 0.4，若你共經過 3 家腳踏車出租店，X 代表 3 家腳踏車出租店中有電動腳踏車之家數，X 之數值可能為 0,1,2,3，下表為各可能情形之機率，則下列敘述，何者錯誤？ (A) 腳踏車出租店有電動腳踏車家數 X 應服從二項分配　(B) 腳踏車出租店有電動腳踏車家數 X 之期望平均值為 1.2，表示每經過 3 家腳踏車出租店，平均會有 1.2 家是有電動腳踏車　(C) 經過 3 家腳踏車出租店竟然都沒有電動腳踏車之機率 0.216　(D) 腳踏車出租店有電動腳踏車家數 X 之標準差 0.72。

( ) 2. 購買刮刮樂一張花費 10 元，若刮中可兌換獎金為 1000 元。假設刮刮樂中獎機率為千分之一，試問購買此刮刮樂的期望值為何？ (A) 1　(B) −9　(C) 10　(D) 1000 。

( ) 3. 小丸子參加數學測驗，共有 25 題五選一單選題，若她全部用猜的，則猜中 10 題的機率為何？ (A) $0.2^{10}0.8^{15}$ (B) $C_{10}^{25}0.2^{10}0.8^{15}$ (C) $C_{10}^{25}0.8^{10}0.2^{15}$ (D) 0.2。

( ) 4. 承上題，請問他猜中題數的期望值為何？ (A) 5 (B) 0.2 (C) 4 (D) 25。

( ) 5. 承上題，請問他猜中題數的變異數為何？ (A) 5 (B) 0.2 (C) 4 (D) 25。

( ) 6. 承上題，請問他拿 100 分的機率為何？ (A) 0.8^{25} (B) 0.2^{25} (C) 0 (D) 1。

( ) 7. 籃球比賽，小丸子進攻時 30% 會自己投球，70% 會傳給隊友投球。請問小丸子進攻 3 次，2 次由自己出手投球的機率約為多少？ (A) 0.189 (B) 0.288 (C) 0.432 (D) 0.216。

( ) 8. 清水遊覽公司 100 輛遊覽車中有 10 輛未通過安全檢查，卻仍對外出租營業；小丸子班級校外教學，向清水遊覽公司租用 20 輛遊覽車，試問此 20 輛均是通過安全檢查之機率為何？ (A) 0.0135 (B) 0.122 (C) 0.430 (D) 0.015。

( ) 9. 二項分配的機率分配圖，以下何種情況不可能出現？ (A) 左偏 (B) 右偏 (C) 對稱 (D) U 型。

*( ) 10. 流星雨平均每 15 秒出現 1 顆流星。那麼每 1 分鐘出現 X 顆流星的機率分配具有下面哪些特性： (A) E(X)=4 (B) Var(X)=6 (C) E(X)=Var(X) (D) 1 分鐘內沒有流星的機率為 e^{-4}。

*( ) 11. 籃子 100 顆球中有 40 顆紅球、60 顆白球。由籃子中隨機抽出一球，若為紅球則令隨機變數 X=0，若為白球則令 X=1。則此機率分配具有下面哪些特性： (A) r.v.X 之期望值 E(X)=0.6 (B) r.v.X 為抽中白球的白努力 (Bernoulli) 分配 (C) r.v.X 之變異數 Var(X)=0.24 (D) P(X=1)=0.6。

*( ) 12. 籃子 100 顆球中有 40 顆紅球、60 顆白球。由籃子中隨機抽出 10 球，取出放回，若令隨機變數 X 為抽中白球次數。則此機率分配具有下面哪些特性：(A) E(X)=6 (B) Var(X)=2.4 (C) 恰有 3 顆白球機率為 $C_{3}^{10}0.6^{3}0.4^{7}$ (D) 全是紅球機率為 0.4^{10}。

*(　　) 13. 籃子 100 顆球中有 40 顆紅球、60 顆白球。由籃子中隨機抽出 10 球，取出不放回，若令隨機變數 X 為抽中白球次數。則此機率分配具有下面哪些特性：　(A) E(X)=6　(B) Var(X)=2.18　(C) 抽中 4 紅 6 白的機率為 $C_6^{60}C_4^{40}/C_{10}^{100}$　(D) 全是紅球機率為 $C_0^{60}C_{10}^{40}/C_{10}^{100}$。

三、計算題

1. 台灣年輕人喜歡 iPhone 8 的比例為 30%，若某手機直營店 1 天售出 25 支手機，則

   (1) 寫出此直營店 1 天售出 25 支手機中為 iPhone 8 台數之機率分配？

   (2) 25 支手機中竟沒有 iPhone 6s 之機率？

2. 宿舍平均每 10 分鐘有 2 人進入，求下列機率

   (1) 10 分鐘內，恰 5 個人進入宿舍的機率？

   (2) 20 分鐘內，沒有人進入宿舍的機率？

   (3) 30 分鐘內，至少 3 人進入宿舍的機率？

3. 設有一箱子裝有 30 個紅球與 70 個白球，今從此箱中採不放回抽樣，抽出 3 個球，則

   (1) 抽出 2 個紅球的機率為何？

   (2) E(x)？

   (3) Var(x)？

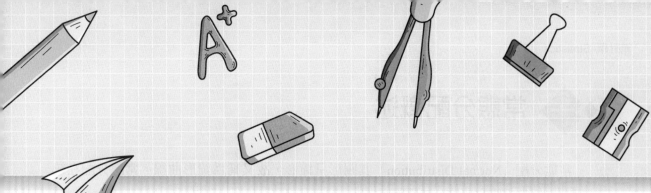

連續型機率分配
──常態分配

一、常態分配概述

二、標準常態分配

三、「常態分配」與「標準常態分配」
　　之關係

四、標準常態分配需熟記數值

PART 2　▶　機率篇

常態分配概述

　　常態分配（Normal Distribution）其圖形呈鐘形，故又稱為鐘形曲線。常態分配在統計學上占相當重要的地位，其原因有二：

1. 宇宙間很多現象的發生，實際觀察次數分配，類似常態曲線。如：人的體重、身高等。
2. 常態分配本身重要的特性，配合其平均數及標準差，讓研究者可以對實證研究所得之資料分配，做相當精確之描述及推論。

(一) 常態分配的特性（任何一個 normal 均同時滿足下列所有特性）

1. 分配形狀左右對稱於平均值，鐘形曲線

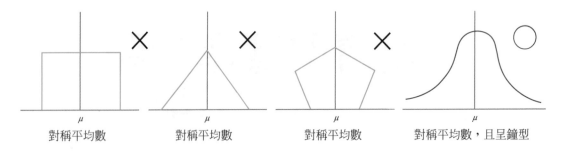

2. 兩尾曲線以橫軸為漸近線，兩尾向兩端無限延伸

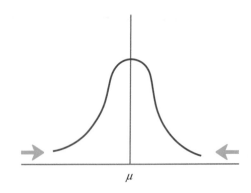

　　橫軸為 r.v.X 的範圍，$-\infty \le x \le \infty$。所以圖的兩尾不能與橫軸接觸，接觸就有上下限。

3.　曲線有兩個反曲點（Point of Inflection）

反曲點：「凹向下（Concave Downward）」轉「凹向上（Concave Upward）」的地方

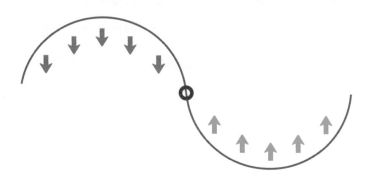

常態分配反曲點在 $X = \mu \pm 1\sigma$ 處。

曲線在區間（$\mu - \sigma, \mu + \sigma$）內係呈向下凹，其他範圍則呈向上凹。

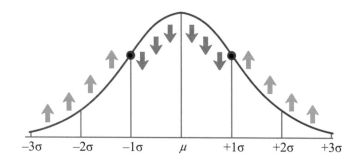

4. 曲線與橫軸所圍面積視爲機率值

$P(-\infty \leq X \leq \infty)=1$　　　曲線與橫軸所圍面積等於 1。

$P(\mu-1\sigma \leq X \leq \mu+1\sigma)\approx 0.6826$　平均數加減一個標準差，佔曲線 68.26% 面積。

$P(\mu-2\sigma \leq X \leq \mu+2\sigma)\approx 0.9544$　平均數加減兩個標準差，佔曲線 95.44% 面積。

$P(\mu-3\sigma \leq X \leq \mu+3\sigma)\approx 0.9974$　平均數加減三個標準差，佔曲線 99.74% 面積。

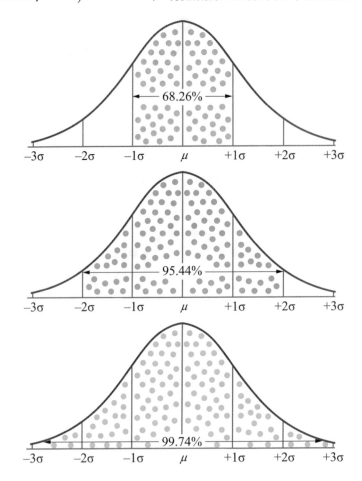

5. 平均數、中位數、眾數三者合爲一。Mean = Median = Mode
6. 曲線形狀完全由 μ、σ^2 決定。

範例 **6-1**

畫出下列常態分配圖：

1. 小學生身高呈常態分配：平均數 145 (cm)，標準差 10 (cm)。

2. 台灣黑雄體重呈常態分配：平均數 145 (kg)，變異數 49 (kg²)。

解 1. r.v.X~N（平均數，變異數）　∵ 標準差 $\sigma = 10\text{(cm)}$

∴ 變異數 $\sigma^2 = 10^2 (\text{cm}^2)$

r.v. $X \sim N\left(\mu = 145, \sigma^2 = 10^2\right)$　唸為：隨機變數 x 服從常態分布，平均數 μ，變異數 σ^2

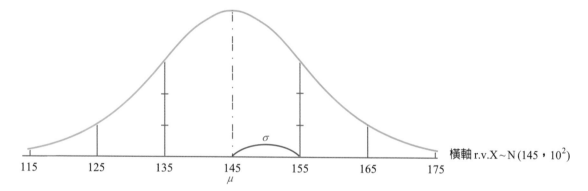

橫軸 r.v.X~N (145，10²)

| 115 | 125 | 135 | 145 μ | 155 | 165 | 175 |

2. r.v.X~N（平均數，變異數）　∵ 變異數 $\sigma^2 = 49\left(\text{kg}^2\right) = 7^2\left(\text{kg}^2\right)$

∴ 標準差 $\sigma = 7\left(\text{kg}\right)$

r.v.X~N $\left(\mu = 145, \sigma^2 = 7^2\right)$

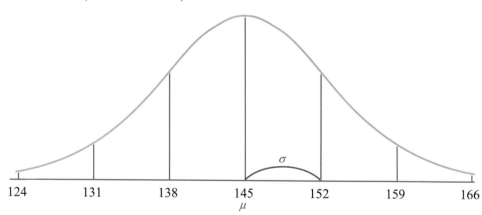

| 124 | 131 | 138 | 145 μ | 152 | 159 | 166 |

小秘笈 秘

不同平均數 μ，或不同變異數 σ^2，即產生不同常態分布。∴存有無窮多個常態分配。

範例 6-2

企二乙共有 100 位學生，老師說：上學期期末統計成績呈 Normal，平均為 70（分），變異數為 25（分^2）

1. 請畫出成績分布圖。
2. 成績落在 65~75 分機率為何？
3. 成績落在 60~70 分機率為何？
4. 成績高於 80 分機率為何？
5. 成績低於 60 分共有多少人？

解 1. 令 r.v.X 為統計成績 X~N（平均數 , 變異數）

$$X \sim N\left(\mu = 70, \sigma^2 = 25\right)$$

$$\sigma = 5$$

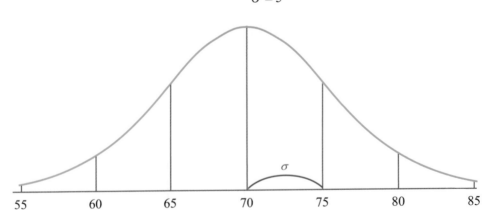

2. $p(65 < X < 75) = 0.6826 = 68.26\%$

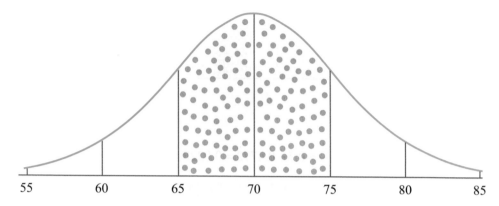

3. $p(60 < X < 70) = \dfrac{0.9544}{2} = 0.4772 = 47.72\%$

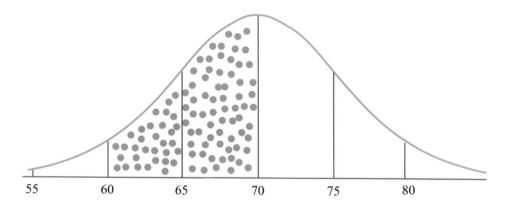

4. $p(X \geq 80) = 0.5 - \dfrac{0.9544}{2} = 0.5 - 0.4772 = 0.0228 = 2.28\%$

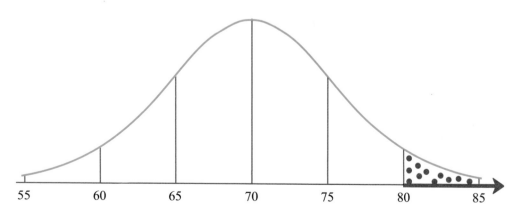

即

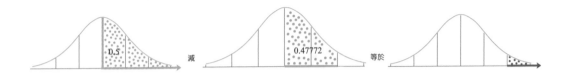

5. $p(X < 60) = 0.5 - \dfrac{0.9544}{2} = 0.5 - 0.4772 = 0.0228 = 2.28\%$

　　$100 \times 0.0228 = 2.28$（人）$\fallingdotseq 2$ 人　∵人數是整數　∴無條件刪除小數點

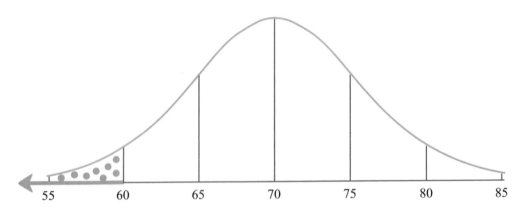

範例 6-3

FU 蘋果園重量為常態分佈，平均重 100 (g)，標準差 10 (g)。

求 1. 重量小於 100 g 機率為何？

　2. 重量高於 110 g 機率為何？

　3. 重量介於 120 ～ 130 g 機率為何？

　4. 重量高於 90 g 之機率為何？

解 令 r.v.X 為 FU 蘋果重量 r.v.X $\sim$ N $\left(\mu = 100, \sigma^2 = 10^2\right)$

1. $P(X < 100) = 0.5$

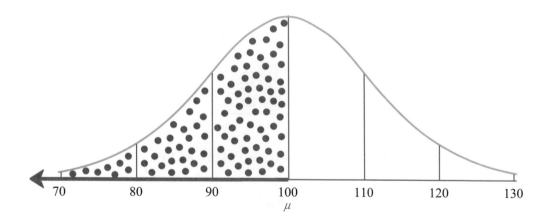

2. $P(\underline{X > 110}) = 0.5 - \dfrac{0.6826}{2} = 0.5 - 0.3413 = 0.1587 = 15.87\%$

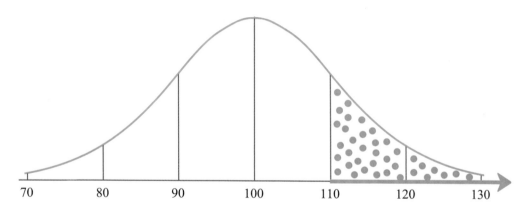

3. $P(\underline{120 < X < 130}) = \dfrac{0.9974}{2} - \dfrac{0.9544}{2} = 0.4987 - 0.4772 = 0.0215 = 2.15\%$

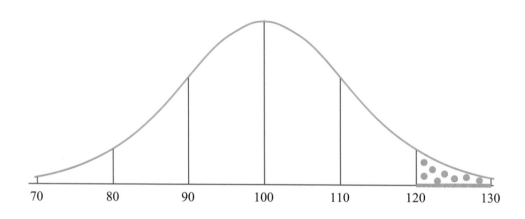

即

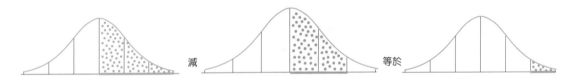

4.　$P\underline{(X > 90)} = \dfrac{0.6826}{2} + 0.5 = 0.3413 + 0.5 = 0.8413 = 84.13\%$

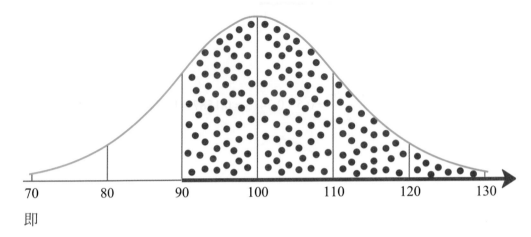

即

(二) 常態分配公式

$r.v.X \sim N\left(\mu, \sigma^2\right)$

則　機率函數：$f(x) = \dfrac{1}{\sqrt{2\pi}\sigma} e^{-\frac{(x-\mu)^2}{2\sigma^2}}$　　　$-\infty \le x \le \infty$

$\pi = 3.1416$

$e = 2.7183$

其　$E(X) = \mu$

$V(X) = \sigma^2$

(三) 分配之平均數與變異數

$$平均數 = \mu = E(X) = \int_{-\infty}^{\infty} x f(x) dx = \int_{-\infty}^{\infty} x \frac{1}{\sqrt{2\pi}\sigma} e^{-\frac{1}{2}(\frac{x-\mu}{\sigma})^2} dx$$

$$變異數 = \sigma^2 = E(X-\mu)^2 = \int_{-\infty}^{\infty} (x-\mu)^2 f(x) dx = \int_{-\infty}^{\infty} (x-\mu)^2 \frac{1}{\sqrt{2\pi}\sigma} e^{-\frac{1}{2}(\frac{x-\mu}{\sigma})^2} dx$$

小秘笈 秘

連續型隨機變數求機率大小，即求函數下所圍面積，所以用 "積分" 不易求得。

∴希望可以查表求機率。

但又∵存有無窮多個常態分配，不可能提供無窮多個常態分配機率表。

∴僅提供一個，叫 "標準常態分配 N(0,1)"。

二 標準常態分配

標準常態分配為平均數為 0，變異數為 1 的常態分配。此時採 *r.v.Z* 取代 *r.v.X*。

$$r.v.Z \sim N(0,1)$$

則 機率函數：$f(x) = \dfrac{1}{\sqrt{2\pi}} e^{-\frac{(x)^2}{2}}$ $\qquad -\infty \leq z \leq \infty$

$$\pi = 3.1416$$

$$e = 2.7183$$

其 $E(X) = 0$

$$V(X) = 1$$

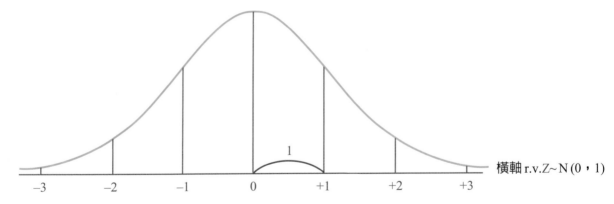

下頁為「標準常態分配機率表」：表上方的圖形，即代表「標準常態分配機率表」內涵。

橫軸：中心點 $\mu = 0$ 到 z 值，z 值可查到小數點第 2 位，先查直的 z 值到小數點第 1 位，再查橫的 z 值到小數點第 2 位。

灰色：表示「中心點 $\mu = 0$ 到 z 值」所圍的常態面積。

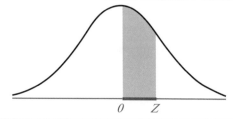

標準常態分配表 Z

Z	0.00	0.01	0.02	0.03	0.04	0.05	0.06	0.07	0.08	0.09
0.0	0.0000	0.0040	0.0080	0.0120	0.0160	0.0199	0.0239	0.0279	0.0319	0.0359
0.1	0.0398	0.0438	0.0478	0.0517	0.0557	0.0596	0.0636	0.0675	0.0714	0.0753
0.2	0.0793	0.0832	0.0871	0.0910	0.0948	0.0987	0.1026	0.1064	0.1103	0.1141
0.3	0.1179	0.1217	0.1255	0.1293	0.1331	0.1368	0.1406	0.1443	0.1480	0.1517
0.4	0.1554	0.1591	0.1628	0.1664	0.1700	0.1736	0.1772	0.1808	0.1844	0.1879
0.5	0.1915	0.1950	0.1985	0.2019	0.2054	0.2088	0.2123	0.2157	0.2190	0.2224
0.6	0.2257	0.2291	0.2324	0.2357	0.2389	0.2422	0.2454	0.2486	0.2517	0.2549
0.7	0.2580	0.2611	0.2642	0.2673	0.2704	0.2734	0.2764	0.2794	0.2823	0.2852
0.8	0.2881	0.2910	0.2939	0.2967	0.2995	0.3023	0.3051	0.3078	0.3106	0.3133
0.9	0.3159	0.3186	0.3212	0.3238	0.3264	0.3289	0.3315	0.3340	0.3365	0.3389
1.0	0.3413	0.3438	0.3461	0.3485	0.3508	0.3531	0.3554	0.3577	0.3599	0.3621
1.1	0.3643	0.3665	0.3686	0.3708	0.3729	0.3749	0.3770	0.3790	0.3810	0.3830
1.2	0.3849	0.3869	0.3888	0.3907	0.3925	0.3944	0.3962	0.3980	0.3997	0.4015
1.3	0.4032	0.4049	0.4066	0.4082	0.4099	0.4115	0.4131	0.4147	0.4162	0.4177
1.4	0.4192	0.4207	0.4222	0.4236	0.4251	0.4265	0.4279	0.4292	0.4306	0.4319
1.5	0.4332	0.4345	0.4357	0.4370	0.4382	0.4394	0.4406	0.4418	0.4429	0.4441
1.6	0.4452	0.4463	0.4474	0.4484	0.4495	0.4505	0.4515	0.4525	0.4535	0.4545
1.7	0.4554	0.4564	0.4573	0.4582	0.4591	0.4599	0.4608	0.4616	0.4625	0.4633
1.8	0.4641	0.4649	0.4656	0.4664	0.4671	0.4678	0.4686	0.4693	0.4699	0.4706
1.9	0.4713	0.4719	0.4726	0.4732	0.4738	0.4744	0.4750	0.4756	0.4761	0.4767
2.0	0.4772	0.4778	0.4783	0.4788	0.4793	0.4798	0.4803	0.4808	0.4812	0.4817
2.1	0.4821	0.4826	0.4830	0.4834	0.4838	0.4842	0.4846	0.4850	0.4854	0.4857
2.2	0.4861	0.4864	0.4868	0.4871	0.4875	0.4878	0.4881	0.4884	0.4887	0.4890
2.3	0.4893	0.4896	0.4898	0.4901	0.4904	0.4906	0.4909	0.4911	0.4913	0.4916
2.4	0.4918	0.4920	0.4922	0.4925	0.4927	0.4929	0.4931	0.4932	0.4934	0.4936
2.5	0.4938	0.4940	0.4941	0.4943	0.4945	0.4946	0.4948	0.4949	0.4951	0.4952
2.6	0.4953	0.4955	0.4956	0.4957	0.4959	0.4960	0.4961	0.4962	0.4963	0.4964
2.7	0.4965	0.4966	0.4967	0.4968	0.4969	0.4970	0.4971	0.4972	0.4973	0.4974
2.8	0.4974	0.4975	0.4976	0.4977	0.4977	0.4978	0.4979	0.4979	0.4980	0.4981
2.9	0.4981	0.4982	0.4982	0.4983	0.4984	0.4984	0.4985	0.4985	0.4986	0.4986
3.0	0.4987	0.4987	0.4987	0.4988	0.4988	0.4989	0.4989	0.4989	0.4990	0.4990

PART 2 機率篇

範例 6-4

利用 Z 表，求下列標準常態機率值：

1. $P(-1 < Z < 1)$

2. $P(Z > 1.2)$

3. $P(0 < Z < 1.2)$

4. $P(-1.78 < Z < 1.33)$

5. $P(1.58 < Z < 2.67)$

6. $P(-2.67 < Z < -1.58)$

解

1.
$$P(-1 < Z < 1) =$$

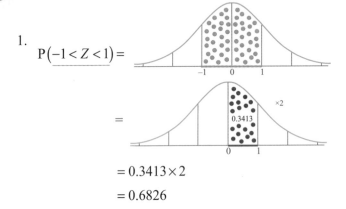

$$= 0.3413 \times 2$$
$$= 0.6826$$

2.
$$P(Z > 1.2) =$$

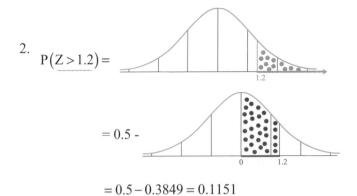

$$= 0.5 - 0.3849 = 0.1151$$

3.
$$P(0 < Z < 1.2) =$$

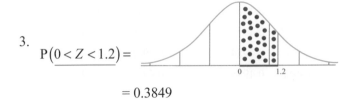

$$= 0.3849$$

4.

$P(-1.78 < Z < 1.33) =$

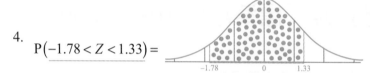

$=$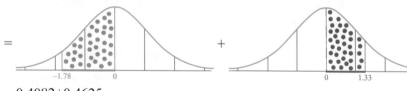

$= 0.4082 + 0.4625$

$= 0.8707$

5.

$P(1.58 < Z < 2.67) =$

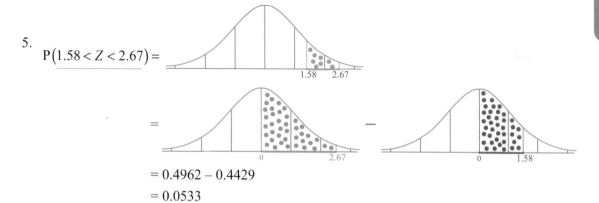

$= 0.4962 - 0.4429$

$= 0.0533$

6.

$P(-2.67 < Z < -1.58) =$

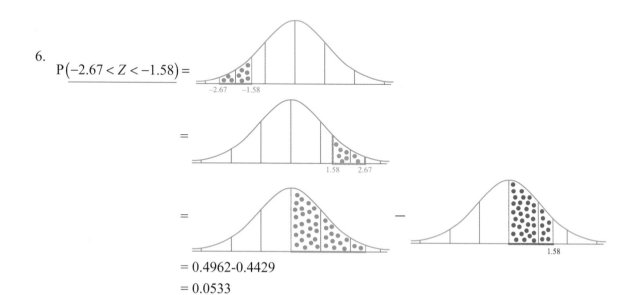

$= 0.4962 - 0.4429$

$= 0.0533$

「常態分配」與「標準常態分配」之關係

常態分配因平均數或標準差值的不同，而有不同常態分配。而在計算 pdf 下的面積時必須查不同的機率表。

又因，「任何常態分配」只要透過「標準化」即轉成「標準常態分配」。所以就僅需一張「標準常態分配」即可。任何數值 x 透過標準化動作即得 Z-score 值。

標準化的公式如下：

$$Z = \frac{X - \mu}{\sigma}$$

r.v.X 為統計成績 X~N（平均數 , 變異數）

$$X \sim N\left(\mu = 70, \sigma^2 = 25\right)$$

$$\sigma = 5$$

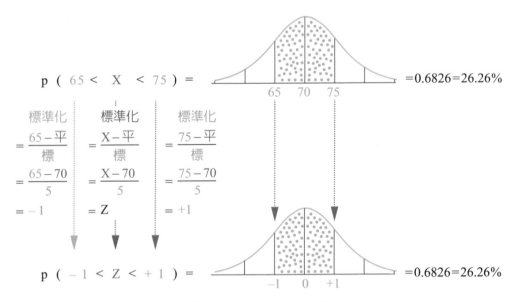

$\because$ p(65 < X < 75) = 0.6826，且 p(-1 < z < 1)=0.682

$\therefore$ p(65 < X < 75) = p(-1 < z < +1)=0.6826

65 標準化轉成 -1，75 標準化轉成 +1

範例 6-5

r.v.X $\sim$ N $(100,25)$

求1. $P(X<105)$

2. $P(104<X<112)$

3. $P(96<X<108)$

4. $P(91<X<99)$

5. $P(X>91)$

6. $P(X>112)$

解 r.v. X $\sim$ N $(100,25)$

$\mu=100, \sigma^2=25, \sigma=5$

1. $P(X<105)$ (標準化求解) $=P\left(\dfrac{X-100}{5}<\dfrac{105-100}{5}\right)=P(Z<1)=0.8413$

2. $P(104<X<112)=P\left(\dfrac{104-100}{5}<\dfrac{X-100}{5}<\dfrac{112-100}{5}\right)$

   $=P(0.8<Z<2.4)=0.4918-0.2881=0.2037$

3. $P(96<X<108)=P\left(\dfrac{96-100}{5}<\dfrac{X-100}{5}<\dfrac{108-100}{5}\right)$

   $=P(-0.8<Z<-0.2)=0.4641-0.0793=0.3848$

4. $P(91<X<99)=P\left(\dfrac{91-100}{5}<\dfrac{X-100}{5}<\dfrac{99-100}{5}\right)$

   $=P(-1.8<Z<-0.2)=0.4641-0.0793=0.3848$

5. $P(X>91)=P\left(\dfrac{X-100}{5}>\dfrac{91-100}{5}\right)$

   $=P(Z>-1.8)=0.4641+0.5=0.9641$

6. $P(X>112)=P\left(\dfrac{X-100}{5}>\dfrac{112-100}{5}\right)$

   $=P(Z>2.4)=0.5-0.4918=0.0082$

◆四 標準常態分配需熟記數值

★ 已知橫軸，背面積

$P(-1 \leq Z \leq 1) = 0.6826 = 68.26\%$

$P(-2 \leq Z \leq 2) = 0.9544 = 95.44\%$

$P(-3 \leq Z \leq 3) = 0.9974 = 99.74\%$

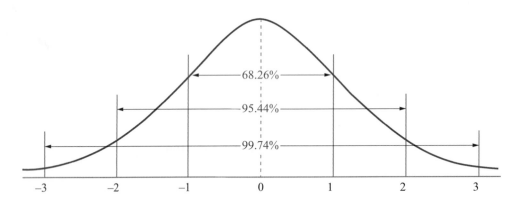

★ 已知面積，背橫軸

$P(-1.645 \leq Z \leq 1.645) = 0.90$

$P(-1.96 \leq Z \leq 1.960) = 0.95$

$P(-2.576 \leq Z \leq 2.576) = 0.99$

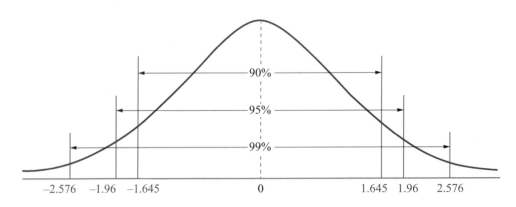

範例 6-6

假設 Z 為標準常態分配，請計算

1. $P(0 \leq Z \leq 1)$

2. $P(Z \leq 1)$

3. $P(-1 \leq Z \leq 0)$

4. $P(-1 \leq Z \leq 1)$

5. $P(Z \leq -0.82)$

6. $P(Z \geq 0.62)$

解 1. $P(0 \leq Z \leq 1) =$ 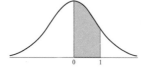 = 查表準常態分配表 $P_{z=1} = 0.3413$

2. $P(Z \leq 1) =$ 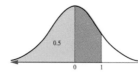 $= 0.5 + P_{z=1} = 0.8413$

3. $P(-1 \leq Z \leq 0) =$ 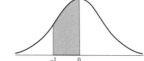 $=$ 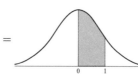 $= P_{z=1} = 0.3413$

4. $P(-1 \leq Z \leq 1) =$ 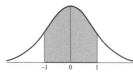 $= 2 \times$ 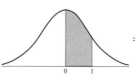 $= 2 \times 0.3413 = 0.6826$

5. $P(Z \leq -0.82) =$ 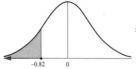 $= 0.5 -$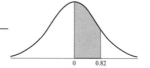

$= 0.5 - P_{z=0.82}$

$= 0.5 - 0.2939$

$= 0.2061$

6. $P(Z \geq 0.26) =$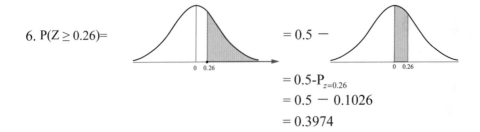

$= 0.5 -$

$= 0.5 - P_{z=0.26}$

$= 0.5 - 0.1026$

$= 0.3974$

一、是非題

(　　) 1. Z 為標準常態分配，則機率 P(Z > 1)=0.1587。

(　　) 2. 令 $r.v.X \sim N\left(\mu = 10, \sigma^2 = 25\right)$，則機率 P(5 < X < 20) = 0.8185。

(　　) 3. 令 $r.v.X \sim N\left(\mu = 100, \sigma^2 = 36\right)$，則機率 P(100 < X < 112) = 0.4772。

(　　) 4. 令 IQ 是 $r.v.X \sim N\left(\mu = 110, \sigma^2 = 20^2\right)$，試問最聰明的前 2.28% 成人的 IQ 在 150 以上。

二、選擇題 （＊為複選題）

(　　) 1. 標準常態分配有以下何種特質？　(A) 平均數為 0 且標準差為 1　(B) 平均數為 1 且標準差為 0　(C) 是離散分配　(D) 平均數、中位數與眾數三者不相等。

(　　) 2. 下列對常態分配的敘述，何者為錯誤？　(A) 對稱的分配　(B) 鐘型分佈　(C) 平均數等於 0　(D) 機率密度函數下的面積永遠等於 1。

(　　) 3. 小丸子班自然課成績呈常態分配，平均 75 分，標準差為 8 分。成績大於 83 的機率為？　(A) 0.1587　(B) 0.0228　(C) 0.0013　(D) 0.8413。

(　　) 4. 小丸子班自然課成績呈常態分配，平均 75 分，標準差為 8 分。成績小於 59 的機率為？　(A) 0.1587　(B) 0.0228　(C) 0.0013　(D) 0.8413。

(　　) 5. 小丸子班自然課成績呈常態分配，平均 75 分，標準差為 8 分。成績介於 91~99 的機率為？　(A) 0.0215　(B) 0.1587　(C) 0.0013　(D) 0.1299。

(　　) 6. 標準常態分配之標準差為何？　(A) 0.5　(B) 1　(C) 1.5　(D) 2。

(　　) 7. 設隨機變數 $X \sim N\left(\mu, \sigma^2\right)$，則下列哪一個機率值等於 $P(X < a), a < \mu$？　(A) $P(X > a)$　(B) $P(X < -a)$　(C) $1 - P(X > -a)$　(D) $1 - P(X > a)$。

(　　) 8. 關於常態分配之機率密度函數曲線之敘述何者不正確？　(A) 曲線呈現鐘型且左右對稱平均數，且平均數 = 中位數 = 眾數　(B) 曲線由中央向兩側遞減對　(C) 曲線與橫座標間之垂直距離 (即 高度) 則代表機率　(D) 曲線有 2 個反曲點，與橫座標間所圍成之面積等於 1，故機率總和亦等於 1。

（　　）9. 設隨機變數 $X \sim N(\mu, \sigma^2)$，則 $P(\mu - 1\sigma < X < \mu + 2\sigma) = ?$　（A） 0.8087　（B） B 0.8185　（C） 0.8234　（D） 0.8527。

*（　　）10. 假設某資料分配近似於常態分配，我們可以得到以下那些結果？　（A） 大約有 68.26% 的資料會落在平均數加減一倍標準差內　（B） 大約有 95.44% 的資料會落在平均數加減 2 倍標準差內　（C） 大約有 99.74% 的資料會落在平均數加減 3 倍標準差內。

三、計算題

1. 求下列標準常態機率值

(1)　P(-2 < Z < 2)

(2)　P(Z < 1.5)

(3)　P(-1.95 < Z < 1.86)

2. $r.v.X \sim N(100, 36)$

(1)　P(x < 106)

(2)　P(x < 112)

3. 請畫出常態分配圖

(1)　某次統測成績呈常態分配，平均數 400 分，變異數為 36 分^2。即 r.v.X~N(400,6^2)。

(2)　某次英檢成績呈常態分配，平均數 650 分，標準差為 36 分。即 r.v.X~N(650,36^2)。

4. 某班 100 名學生之統計學成績平均數為 70 分，標準差為 10 分的常態分配。則

(1)　統計學成績小於 78 分之機率？

(2)　統計學成績被當之人數？

5. 小丸子班有 30 位同學，數學期末考全班平均為 70 分，標準差為 3 分，請問成績介於 64 分與 76 分之間約有多少學生？

6. 百貨公司週年慶，凡當日購物總金額，在全部顧客中屬金額較高之前千分之二者，可獲贈 iPad 乙台。根據往年百貨公司週年慶資料顯示，顧客購物總金額為常態分配，當日購物總金額平均 10 萬元，標準差 19 萬元；試問若想獲贈 iPad 乙台，當日購物總金額需在多少萬元以上？

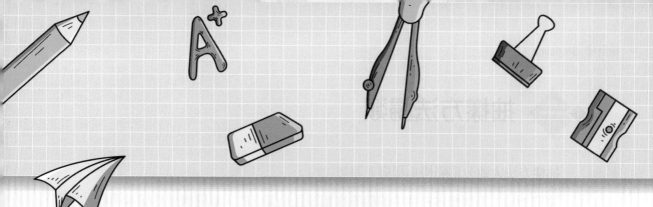

Chapter 7

抽樣方法

一、抽樣方法歸類

二、隨機抽樣

三、非隨機抽樣

四、樣本大小的考量準則

PART 3　抽樣與抽樣分配篇

一 抽樣方法歸類

抽樣方法大致分為隨機抽樣與非隨機抽樣。

1. 隨機抽樣：每個樣本被抽中的機率均相等且是獨立的。以隨機做為樣本選取。
2. 非隨機抽樣：每樣本被抽中的機率無法說明。以研究判斷做為樣本選取。
   通常而言，隨機抽樣所花費的<u>時間</u>與<u>成本</u>均大於非隨機抽樣。

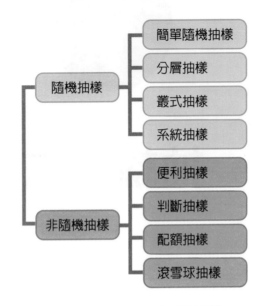

 二 隨機抽樣

(一) 簡單隨機抽樣（Simple random Sampling）

母體每一個體被選中機會相等，且每次抽選與之前抽選無關。完全隨機抽樣。抽樣時，通常將母體（N 個個體）加以編號 1 至 N 號，隨機從 N 個號碼中抽出 n 個號碼（即預定的樣本數），例如：摸彩法、亂數表。其次找出母體號碼中與這 n 個隨機號碼相同的個體，這就是選出的樣本，適用於母體中個體的同質性高的調查。

範例 7-1

尾牙餐會摸彩（簡單隨機抽樣）

公司舉辦尾牙餐會。為了獎勵員工一年來的辛勞，餐會舉辦摸彩活動。給與員工每人發給一張兩頭印有號碼的摸彩券 (兩頭的號碼相同，且一半為存根聯，一半為抽獎聯)，撕下其中的抽獎聯後投入摸彩箱中。然後由公司主管攪拌均勻，依序請抽出摸彩券，以決定得獎人。

範例 7-2

師生餐會（亂數表簡單隨機抽樣）

企二乙有 60 位學生，欲從中選出 5 位學生參與師生餐會。首先我們將班上學生加以編號 1~60，表 7-1 隨機亂數表的第 1 列依序讀取兩個數字，則『2 位數字組』為：07 10 92 66 27 59 58 78 43 40 98 35 19，因只有 60 位學生，故選數自小於等於 60 之號碼 5 位 07 10 27 59 58 。

表 7-1 隨機亂數表

07109	26627	59587	84340	98351
97299	83419	13069	17826	76984
66405	35287	33248	67657	07702
29280	39655	18902	92531	90374
20123	82082	55477	22059	43168
48906	10567	17829	00723	46700

(二) 分層抽樣（Stratified Sampling）

在研究議題下，母體可用某衡量標準，將母群分為若干子母體，稱之為「層」。同一層為同一類，不同層為不同類，層內差異最小，層與層間差異大。各層個體多寡不一，從每一層中利用簡單隨機抽樣抽出所需比例的樣本數，再將所得各層樣本合起來即為樣本，分層抽樣的優點乃是可以降低抽樣誤差，提高推論正確性。

範例 7-3

母體有不同形狀、不同顏色、不同大小。

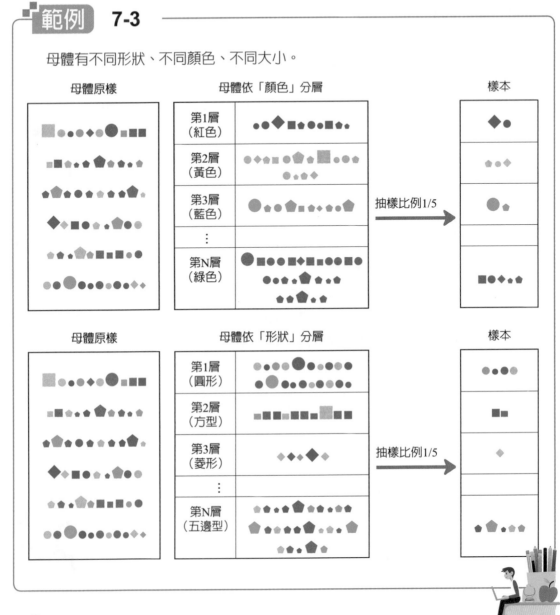

範例 7-4

台灣傳統小吃『潤餅』攤。按比例抓，包成『潤餅』。

母體：潤餅皮、肉絲、雞蛋絲、豆干絲、高麗菜絲、紅蘿蔔絲、豆芽、香菜、花生糖粉

樣本：

(三) 叢式抽樣（Cluster Sampling）

母體分成幾個群集 (或區域)，稱為群，又稱「集群抽樣」，有大小群，每群類似，群間差異小，群內差異大。以群為單位，隨機取樣抽取若干群，抽中群進行抽樣或普查，叢式抽樣的優點乃是可以大幅降低調查成本。

範例 7-5

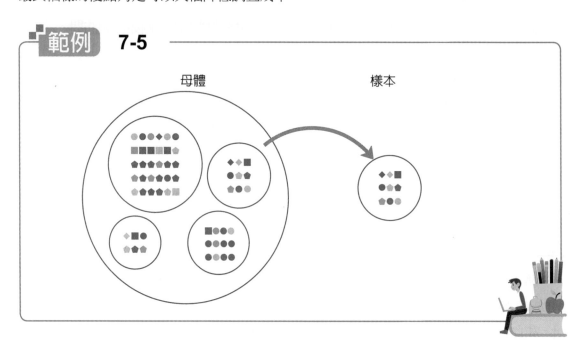

(四) 系統（間隔）抽樣（Systematic Sampling）

從抽樣名單中，有系統地每間隔若干個抽樣單位，就抽取一個樣本，如此一直等間隔抽樣。例如，從 (某年 / 某地區) 出生名單或電話簿中，每間隔 20 名就抽一位。系統抽樣優點乃是步驟循序漸進，不致在母群中前後跳躍，減輕工作負擔。

範例 7-6

某製造燈泡的工廠，計畫生產 5000 個燈泡，想從中抽取 50 個樣本，以了解不良品的比例，若採取系統抽樣，則依 5000 個燈泡生產的順序，做為假想的編號，其次決定抽樣區間 k，k=5000/50 =100，然後從 1 至 100 中以簡單隨機抽樣抽出一數，做為起始點，如抽出 35，最後只要每生產第 100 個燈泡，便將該燈泡抽出，即生產順序為 35,135,235,335,…,4935 的燈泡，就被抽出做為樣本。

非隨機抽樣

(一) 便利抽樣

調查人員只依個人的方便來選取樣本。屬於非隨機抽樣方法。例如街頭訪問。

(二) 判斷抽樣

又稱「立意（Purposive）抽樣」，它是依據研究者的主觀認定，選取最能適合其研究目的之樣本。屬於非隨機抽樣方法。

(三) 配額抽樣

例如按各地區人口比例分配。

(四) 滾雪球抽樣

藉由少許樣本間關聯性，逐漸擴大樣本數，有點像滾雪球般越滾越大。例如追蹤AIDS病人之行為，可先找有得到AIDS病犯者為「初始」樣本，再進一步找尋其性伴侶，如此滾雪球般的抽樣，以找出所有的樣本。

 # 樣本大小的考量準則

1. 研究特殊性。
2. 研究類型：試探性研究、前測 （Pretest） 、預測（Pilot Test）所需樣本較驗証性、正式研究少。
3. 研究假設：預期的實驗處理差異要愈小時，則樣本就要愈大。
4. 經費來源、可用人力的限制。
5. 研究結果愈重要，樣本要愈大
6. 研究變數的個數愈多、或無法控制的變數愈多時，則所需的樣本就要愈大。
7. 資料收集的樣本異質性愈高、或不一致性愈大，則所需的樣本就要愈大。
8. 要求的研究結果之正確性 / 精確度愈高，則所需的樣本就要愈大。
9. 母體的大小：母群體愈大，則所需的樣本比例就要愈小。

10. 母群體變異數 σ^2 愈大,則研究者所需樣本數 n 就愈大。

> 樣本大小的公式:
>
> n=(Z² · s²) /e²

(1) 可忍容的誤差 e 愈小,則研究者所需樣本數 n 就愈大。

(2) 欲使研究推論達到的信賴水準愈大 (95% → 99%),則 Z 值就愈高,所需樣本數 n 就愈大。通常 Z 值取 1.96。

範例 7-7

系主任想知道應屆畢業生平均薪資,而主任能容許的誤差為 $200 元,在 90% 的信心水準下,初步薪資資料的標準差為 $1,000,請問需要多少樣本數?

解 $n \geq \dfrac{Z^2 \cdot S^2}{e^2} = \dfrac{1.645^2 \times 1000^2}{200^2} = 68$

一、是非題

(　　) 1. 隨機抽樣的每個樣本被抽到的機率是相等且獨立的。

(　　) 2. 在街頭發放問卷，逢人就問是為便利抽樣。

(　　) 3. 叢式抽樣表示叢內差異大、叢與叢間差異小。

(　　) 4. 分層抽樣表示層內差異小、層與層間差異大。

二、選擇題

(　　) 1. 抽樣的第一個步驟是什麼？　(A) 界定樣本所從屬的母體　(B) 決定樣本是否需要分層　(C) 決定樣本大小　(D) 確定抽樣單位。

(　　) 2. 最適合調查「同性戀者的就業狀況」之抽樣方式？　(A) 簡單隨機抽樣　(B) 系統抽樣　(C) 判斷抽樣　(D) 滾雪球抽樣。

(　　) 3 受訪者為學號為 5 的倍數，此抽樣方式為？　(A) 簡單隨機抽樣　(B) 分層隨機抽樣　(C) 叢式抽樣　(D) 系統抽樣。

(　　) 4. 若每個樣本被抽的機會相等，此抽樣方法稱為？　(A) 簡單隨機抽樣　(B) 分層隨機抽樣　(C) 叢式抽樣　(D) 系統抽樣。

(　　) 5. 母體有 200 個個體，由 1 號編到 200 號。從 1 到 10 的號碼任抽一個號碼，若選到 6，然後抽出 6，16，26，…196 等 20 個樣本，此種抽樣法為何種抽樣？　(A) 簡單隨機抽樣　(B) 分層隨機抽樣　(C) 叢式抽樣　(D) 系統抽樣。

(　　) 6. 高雄市教育局調查員從該市之 98 個國民小學中，隨機抽出 5 個國民小學，以這 5 個國民小學學生為調查對象。請問這位調查員是採用那種抽樣方法？　(A) 簡單隨機抽樣　(B) 分層隨機抽樣　(C) 叢式抽樣　(D) 系統抽樣。

(　　) 7. 下列何者為「隨機抽樣」？　(A) 集群抽樣　(B) 滾雪球抽樣　(C) 立意抽樣　(D) 便利抽樣。

(　　) 8. 機率抽樣方法中，「摸彩法」及「亂數法」是屬於以下何種抽樣？　(A) 系統隨機抽樣　(B) 集群抽樣　(C) 立意抽樣　(D) 簡單隨機抽樣。

( ) 9. 研究上無法普查，而進行「抽樣」原因？ (A) 母體過大，節省人力與時間 (B) 母體調查單位具破壞性 (C) 母體調查單位難以接觸 (D) 以上皆是。

( ) 10. 在百貨公司門口隨機做問卷調查，請問這是什麼抽樣方式？ (A) 簡單隨機抽樣 (B) 滾雪球抽樣 (C) 方便抽樣 (D) 系統抽樣。

( ) 11. 依研究者的主觀認定選取適合其研究目的之樣本，稱為？ (A) 立意抽樣 (B) 便利抽樣 (C) 滾雪球抽樣 (D) 簡單隨機抽樣。

( ) 12. 最適合追蹤「AIDS 病人之行為研究」之抽樣方式？ (A) 立意抽樣 (B) 便利抽樣 (C) 滾雪球抽樣 (D) 簡單隨機抽樣。

NOTE

Chapter 8

X̄ 抽樣分配與中央極限定理

一、抽樣分配

二、X̄ 抽樣分配三個重要定理

三、中央極限定理

PART 3 ▶ 抽樣與抽樣分配篇

◆一 抽樣分配

抽樣分配（Sampling Distribution），即樣本統計量之所形成的機率分配。

由一母體中，每次抽出一固定數目之變量為一組樣本，每組樣本均可求得其特定之統計量（Statistic），例如樣本平均數；將該固定數目之變量，所有可能抽得之各組樣本所求得之統計量作成次數分配，並化為機率形式而成之樣本統計量的機率分配，稱為抽樣分配。抽樣分配之主要功能，是用以解決母體未知母數（Parameter）之推定與檢定問題。

◆二 $\overline{X}$ 抽樣分配三個重要定理

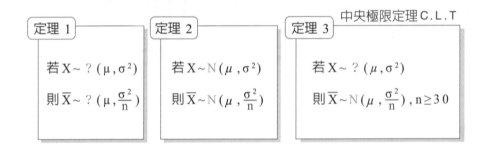

定理 1	定理 2	定理 3 中央極限定理 C.L.T
若 $X \sim ?\,(\mu, \sigma^2)$ 則 $\overline{X} \sim ?\,(\mu, \frac{\sigma^2}{n})$	若 $X \sim N(\mu, \sigma^2)$ 則 $\overline{X} \sim N(\mu, \frac{\sigma^2}{n})$	若 $X \sim ?\,(\mu, \sigma^2)$ 則 $\overline{X} \sim N(\mu, \frac{\sigma^2}{n})$, $n \geq 30$

定理 1：

母體為任一分佈（？，不知為何種分佈），其平均數為 μ，標準差為 σ。

若 $X_1, X_2, \dots, X_n$ 為抽自此母體的一組隨機樣本

則 $\overline{X}$ 抽樣分配仍為任一分佈（？）

　　n 越多，$\overline{X}$ 抽樣分配變異越小，為母體變異數 $\div n$

定理 2：

母體為 N（Normal 分佈），其平均數為 μ，標準差為 σ。

若 $X_1, X_2, \dots, X_n$ 為抽自此母體的一組隨機樣本

則 $\overline{X}$ 抽樣分配為 N（Normal 分佈）

　　n 越多，$\overline{X}$ 抽樣分配變異越小，為母體變異數 $\div n$

定理 3：中央極限定理（Central Limit Theory）

母體為任一分佈（問號 "？"，不知為何種分佈），其平均數為 μ，標準差為 σ。

若 $X_1, X_2, \ldots, X_n$ 為抽自此母體的一組隨機樣本

則當 $n \to \infty$（一般為 $n \geq 30$ 時），X̄ 抽樣分配會近似常態分配（N）

n 越多，X̄ 抽樣分配變異越小，為母體變異數 $\div n$

三 中央極限定理

中央極限定理（Central Limit Theory）從下圖可以說明：

1. 樣本數 n 越多，抽樣分配變異越小，且恰為（母體變異數 $\div n$）
2. 母體不論為何種分佈，則樣本數 n 越多，抽樣分配越接近常態。
3. 「母體平均數」與「X̄ 抽樣分配平均數」在相同位置 (↑)。

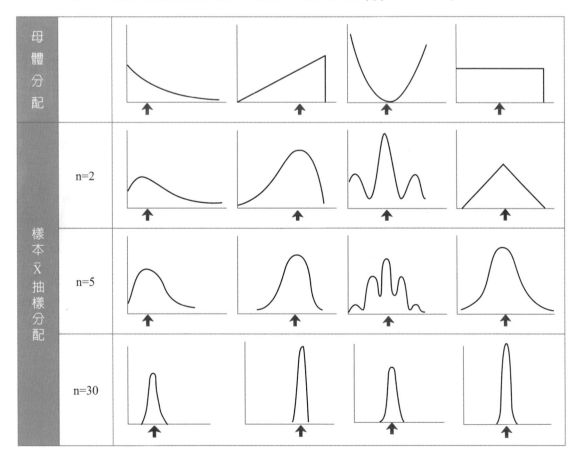

範例 8-1

根據統計的結果，每支 QQ 牌 LED 燈管的平均壽命為 1,200 小時，標準差為 56 小時；補習班購買了 QQ 牌 LED 燈管 49 支，試問此「49 支燈管之平均壽命」至少為 1,180 小時的機率為何？

解 令 r.v.X 為每支 QQ 牌 LED 燈管的壽命，題目未說明燈管壽命的分佈

若 $X \sim ?\left(\mu = 1200, \sigma^2 = 56^2\right)$

則因 n = 49 ≥ 30，透過中央極限定理

$$\bar{X} \sim N\left(\mu = 1200, \frac{\sigma^2}{n} = \frac{56^2}{49} = 8^2\right)$$

$$P\left(\bar{X} \geq 1180\right) = P\left(\frac{\bar{X} - 1200}{8} \geq \frac{1180 - 1200}{8}\right)$$

$$= P\left(Z \geq -2.5\right)$$

$$= 0.9938$$

範例 8-2

樹德科技大學的圖書館平均每天借出 300 本書，標準差為 54 本書。現隨機抽出 36 天的紀錄觀察。

1. 這 36 天平均每天借出 291 到 318 本書的機率為何？
2. 這 36 天平均每天借出超 318 本書的機率為何？

解 令 r.v.X 為樹德科技大學的圖書館每天借出書本數，題目未說明書本數的分佈

若 $X \sim ?\left(\mu = 300, \sigma^2 = 54^2\right)$

則因 n = 36 ≥ 30，透過中央極限定理

$$\bar{X} \sim N\left(\mu = 300, \frac{\sigma^2}{n} = \frac{54^2}{36} = 9^2\right)$$

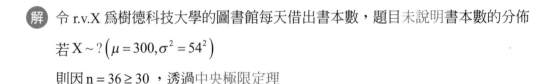

1. $P(291 < \overline{X} < 318) = P\left(\dfrac{291-300}{9} < \dfrac{\overline{X}-300}{9} < \dfrac{318-300}{9} \right)$

$= P(-1 < Z < 2)$

$= \dfrac{0.6826}{2} + \dfrac{0.9544}{2}$

$= 0.8185$

2. $P(\overline{X} > 318) = P\left(\dfrac{\overline{X}-300}{9} > \dfrac{318-300}{9} \right)$

$= P(Z > 2)$

$= 0.5 - \dfrac{0.9544}{2}$

$= 0.0228$

範例 8-3

草莓園草莓重量分佈不知，$\mu = 20g$，$\sigma^2 = 100g^2$。隨機買 50 顆，則平均每顆重量超過 20.1g 的機率為何？

解 $r.v X$ 為草莓重量

∵母體 $X_i \sim ?\left(\mu = 20, \sigma^2 = 100 \right)$

∴樣本 $\overline{X} \underset{n>30}{\overset{C.L.T}{\sim}} N\left(\mu = 20, \dfrac{\sigma^2}{n} = \dfrac{100}{50} = 2 \right)$

$P(\overline{X} \geq 20.1) = P\left(Z > \dfrac{20.1-20}{\sqrt{2}} \right)$

$= P(Z > 0.07)$

$= 0.5 - 0.0279$

$= 0.4721$

範例 8-4

草莓園草莓重量分佈常態，$\mu = 20g$，$\sigma^2 = 100g^2$。隨機買 10 顆，則平均每顆重量低於 20.1g 的機率為何？

解 $r.v\,X$ 為草莓重量

$\because X_i \sim N\left(\mu = 20, \sigma^2 = 100\right)$

$\therefore \bar{X} \sim N\left(\mu = 20, \dfrac{\sigma^2}{n} = \dfrac{100}{10} = 10\right)$

即 $\bar{X} \sim N(20, 10)$

$$P\left(\bar{X} < 20.1\right) = P\left(Z < \dfrac{20.1 - 20}{\sqrt{10}}\right)$$

$$= P(Z < 0.03)$$

$$= 0.5 + 0.012$$

$$= 0.512$$

範例 8-5

草莓園草莓重量分佈不知，$\mu = 20g$，$\sigma^2 = 100g^2$。隨機買 10 顆，則平均每顆重量低於 20.1g 的機率為何？

解 $r.v\,X$ 為草莓重量

$\because X_i \sim ?\left(\mu = 20, \sigma^2 = 100\right)$

$\therefore \bar{X} \sim ?\left(\mu = 20, \dfrac{\sigma^2}{n} = \dfrac{100}{10}\right)$

n<30 無法套用 C.L.T，$\bar{X} \sim$ 就無法套用抽樣分配，$\therefore$ 無解。

一、是非題

( ) 1. 統計學上「參數」是指：母體未知特性值。

( ) 2. 統計學上「統計量」是指：由樣本所計算的數值。

( ) 3. 若母體為常態分配，則不論樣本多寡，樣本統計量 $\bar{X}$ 所型成分佈必為常態分配。

( ) 4. 當不確定母體分佈時，若抽取大樣本（ $n \geq 30$ ），則統計量 $\bar{X}$ 分佈必趨近常態分配。

二、選擇題　(＊為複選題)

( ) 1. 抽樣分配係指下列何者的機率分配？　(A) 樣本統計量　(B) 母體統計量　(C) 樣本參數　(D) 母體參數。

( ) 2. 根據中央極限定理，樣本平均數的抽樣分配，在什麼情況下趨近於常態分配　(A) 母體平均數夠大　(B) 已知樣本變異數　(C) 已知母體變異數　(D) 樣本數大於 30。

( ) 3. 在做抽樣調查時，下列敘述何者正確　(A) 樣本大小與母體大小成正比　(B) 樣本大小與變異大小成反比　(C) 樣本大小與所能接受的誤差大小成正比　(D) 樣本大小與所需之信心水準高低成反比。

( ) 4. 若母體 $\mu = 15, \sigma = 10$ 。樣本大小為 n=100。則統計量 $\bar{X}$ 之分配？　(A) 常態分配　(B) t 分配　(C) 卡方分配　(D) F 分配。

( ) 5. 若母體 $\mu = 15, \sigma = 10$ 。樣本大小為 n=100。則 $E(\bar{X})$ = ？　(A) 15　(B) 10　(C) 0.15　(D) 16.5。

( ) 6. 若母體 $\mu = 15, \sigma = 10$ 。樣本大小為 n=100。則 $V(\bar{X})$ = ？　(A) 10　(B) 1　(C) 0.1　(D) 16.5。

( ) 7. 若母體 $\mu = 15, \sigma = 10$ 。樣本大小為 n=100。若此次抽樣 $\bar{X}$ = 16.5，則 Z 值　(A) 0.214　(B) -0.214　(C) 1.5　(D) -1.5。

( ) 8. 若母體平均數為 μ，變異數為 σ^2。從該母體隨機抽 $X_1, \cdots, X_{10}$ 樣本，則 $\bar{X}$ 的變異數為 (A) $\sigma/10$ (B) $\sigma^2/10$ (C) $\sigma^2/100$ (D) $\sigma^2/2$。

( ) 9. 設 $X_1, X_2, ..., X_n$ 是 $N(\mu, \sigma^2)$ 的一組隨機樣本。若 n=10 時，$\bar{X}$ 的標準誤是 3，則 n 是多少時，才會使 $\bar{X}$ 的變異數為 0.2？ (A) 150 (B) 450 (C) 750 (D) 800。

*( ) 10. 所謂 "簡單隨機樣本" 必須符合以下哪些條件？ (A) 樣本觀察值必須符合常態分配的假設 (B) 樣本觀察值間必須是相互獨立 (C) 樣本觀察值必須來自同一機率分配 (D) 樣本數一定要多於 30 筆。

三、計算題

1. 常態母體之平均數 100，標準差 5，由其中任取 9 個樣本，並得樣本空間，則

   (1) $\bar{X}$ 的抽樣分配為？

   (2) 樣本平均數 $\bar{X}$ 大於 102 的機率？

   (3) 樣本平均數 $\bar{X}$ 介於 98 與 101 的機率？

2. 小丸子學校三年級英文考試成績為 $\mu = 80$ 分, $\sigma = 15$ 分。若隨機抽取 36 位同學之成績，試求：

   (1) 這 36 位同學平均成績大於 85 分的機率是多少？

   (2) 這 36 位同學平均成績介於 83 到 87 分的機率是多少？

3. 有機農場生產柿子，其重量為常態分配，平均數 460 公克，標準差 18 公克，則：

   (1) 抽取 16 個柿子，16 個柿子平均重量大於 470 公克的機率？

   (2) 將 9 個柿子裝成一盒，則一盒柿子重量的平均數？變異數？

   (3) 若一盒柿子重量合格在 4000~4200 公克之間時，則有多少比例的柿子盒不符合規定？

4. 已知山崎麵包店每家分店月營業收入分配為常態，平均月營業收入為 50 萬，標準差為 12 萬；若隨機抽出山崎麵包店 9 家分店，調查其月營業收入狀況；試問此 9 家分店平均月營業收入大於 60 萬之可能性有多少？

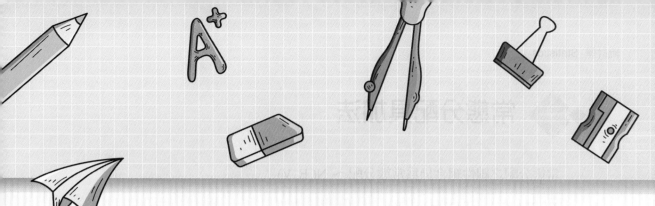

Chapter

9

$(\overline{X}_A - \overline{X}_B)$ 抽樣分配

一、常態分配具加法

二、$(\overline{X}_A - \overline{X}_B)$ 抽樣分配

PART 3 ▶ 抽樣與抽樣分配篇

一 常態分配具加法

常態分配之線性組合仍為常態分配 ～ N(E ,V)

$$E(aX \pm bY) = aE(X) \pm bE(Y)$$

$$V(aX \pm bY) = a^2V(X) + b^2V(Y) \pm 2ab \cdot Cov(X,Y)$$

$$V(aX \pm bY) = a^2V(X) + b^2V(Y) \quad 當 X，Y 為兩獨立樣本，Cov(X,Y) = 0$$

範例 **9-1**

設 X ～ N(7,8)，Y ～ N(4,6)，令 Z=5X-3Y，驗證

1. Z 為常態分配　2. Z 的期望值為 23　3. Z 的變異數為 254

解 1. X ～ N(7,8)：X 服從常態分配，母體平均數為 7，母體變異數為 8。E(X)=7，V(X)=8

Y ～ N(4,6)：Y 服從常態分配，母體平均數為 4，母體變異數為 6。E(Y)=4，V(Y)=6

∵ X ～ N(7,8)，Y ～ N(4,6)

∴ Z=5X-3Y 為 X 與 Y 的線性組合，所以必為常態分配。

$$Z \sim N(E ,V)$$

2. Z=5X-3Y ～ N(E ,V)

$$\sim N(E(Z) ,V(Z))$$

E(Z)=E(5X-3Y) =5E(X)-3E(Y)=5×7-3×4=35-12=23

3. Var(Z) = Var(5X-3Y)

$$= 5^2Var(X)+(-3)^2Var(Y) -2×5×3 \, Cov(X,Y)$$

$$= 25 \, Var(X)+9Var(Y) -30 \, Cov(X,Y)$$

$$= 25×8+9×6 \qquad 若 X 跟 Y 互相獨立，則 Cov(X,Y) = 0$$

$$= 200+54 \qquad 若 X 跟 Y 互相不獨立，則共變異數 Cov(X,Y) \neq 0$$

$$= 254 \qquad 題目給的資料不夠算出 Cov(X,Y)$$

二 $(\overline{X}_A - \overline{X}_B)$ 抽樣分配

$(\overline{X}_A - \overline{X}_B)$ 抽樣分配仍用到下面三定理。

步驟 1：先分別用下面三定理分別判斷 $\overline{X}_A \sim$ 與 $\overline{X}_B \sim$

步驟 2：再運用常態分配具加法，求 $(\overline{X}_A - \overline{X}_B)$ 抽樣分配

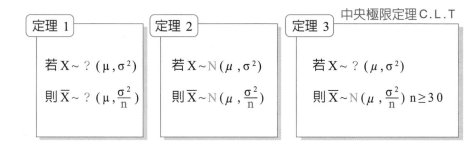

中央極限定理 C.L.T

定理 1	定理 2	定理 3
若 $X \sim ? (\mu, \sigma^2)$ 則 $\overline{X} \sim ? (\mu, \frac{\sigma^2}{n})$	若 $X \sim N(\mu, \sigma^2)$ 則 $\overline{X} \sim N(\mu, \frac{\sigma^2}{n})$	若 $X \sim ? (\mu, \sigma^2)$ 則 $\overline{X} \sim N(\mu, \frac{\sigma^2}{n})$ $n \geq 30$

範例 9-2

瘦青蛙跳遠距離呈常態，平均數 35cm，標準差 3cm，

胖青蛙跳遠距離呈 ? 分配，平均數 26cm，變異數 7 cm^2，

隨機抽 A: 瘦青蛙 $n_A = 18$，　　B: 胖青蛙 $n_B = 36$，

試問此「18 隻瘦青蛙跳遠平均距離」比「36 隻胖青蛙跳遠平均距離」多 7 公分機率為何？

 令 r.v. X_A 為瘦青蛙的跳遠距離

r.v. X_B 為胖青蛙的跳遠距離

$$X_A \sim N\left(\mu_A = 35, \sigma_A^2 = 3^2\right) \qquad X_B \sim ?\left(\mu_B = 26, \sigma_B^2 = 7\right)$$

$$\overline{X}_A \sim N\left(\mu = 35, \frac{\sigma_A^2}{n_A} = \frac{9}{18}\right) \qquad \overline{X}_B \sim N\left(\mu_B = 26, \frac{\sigma_B^2}{n_B} = \frac{7}{36}\right) \quad \because \text{C.L.T.}$$

$$(\overline{X}_A - \overline{X}_B) \sim N\left(\mu_A - \mu_B, \frac{\sigma_A^2}{n_A} + \frac{\sigma_B^2}{n_B}\right)$$

$$(\overline{X}_A - \overline{X}_B) \sim N\left(35 - 26, \frac{9}{18} + \frac{7}{36}\right)$$

$$\left(\bar{X}_A - \bar{X}_B\right) \sim N\left(9, \frac{25}{36}\right)$$

$$P\left(\left(\bar{X}_A - \bar{X}_B\right) > 7\right) = P\left(\frac{\left(\bar{X}_A - \bar{X}_B\right) - 9}{\sqrt{\frac{25}{36}}} > \frac{7 - 9}{\sqrt{\frac{25}{36}}}\right) = P(Z > -2.4) = 0.4918 + 0.5 = 0.9918$$

範例 9-3

麥當當薯條重量呈常態，平均數 350g，標準差 3g

德德基薯條重量呈常態，平均數 300g，變異數 7 g^2

隨機抽麥當當 A：$n_A = 36$ 包；B：德德基 $n_B = 36$ 包，

試問此「麥當當 36 包薯條平均重量」比「德德基 36 包薯條平均重量」多 50g 機率為何？

解 令 r.v. X_A 麥當當每包薯條重量

r.v. X_B 德德基每包薯條重量

$$X_A \sim N\left(\mu_A = 350, \sigma_A^2 = 3^2\right) \qquad X_B \sim N\left(\mu_B = 300, \sigma_B^2 = 7\right)$$

$$\bar{X}_A \sim N\left(\mu = 350, \frac{\sigma_A^2}{n_A} = \frac{9}{36}\right) \qquad \bar{X}_B \sim N\left(\mu_B = 300, \frac{\sigma_B^2}{n_B} = \frac{7}{36}\right)$$

$$\left(\bar{X}_A - \bar{X}_B\right) \sim N\left(\mu_A - \mu_B, \frac{\sigma_A^2}{n_A} + \frac{\sigma_B^2}{n_B}\right)$$

$$\left(\bar{X}_A - \bar{X}_B\right) \sim N\left(350 - 300, \frac{9}{36} + \frac{7}{36}\right)$$

$$\left(\bar{X}_A - \bar{X}_B\right) \sim N\left(50, \frac{16}{36}\right)$$

$$P\left(\left(\bar{X}_A - \bar{X}_B\right) > 50\right) = P\left(\frac{\left(\bar{X}_A - \bar{X}_B\right) - 50}{\sqrt{\frac{16}{36}}} > \frac{50 - 50}{\sqrt{\frac{16}{36}}}\right)$$

$$= P(Z > 0)$$

$$= 0.5$$

一、是非題

(　　) 1. 若 $\bar{X}_A \sim Normal$ 且 $\bar{X}_B \sim Normal$，則 $(\bar{X}_A - \bar{X}_B) \sim Normal$。

(　　) 2. 若 $\bar{X}_A \sim$ 未知分配且 $\bar{X}_B \sim Normal$，則 $(\bar{X}_A - \bar{X}_B) \sim Normal$。

(　　) 3. 若 $\bar{X}_A \sim N\left(\mu_A, \dfrac{\sigma_A^2}{n_A}\right)$ 且 $\bar{X}_B \sim N\left(\mu_B, \dfrac{\sigma_B^2}{n_B}\right)$，則 $\mathrm{E}(\bar{X}_A - \bar{X}_B) = \mu_A - \mu_B$。

(　　) 4. 若 $\bar{X}_A \sim N\left(\mu_A, \dfrac{\sigma_A^2}{n_A}\right)$ 且 $\bar{X}_B \sim N\left(\mu_B, \dfrac{\sigma_B^2}{n_B}\right)$，則 $\mathrm{V}(\bar{X}_A - \bar{X}_B) = \dfrac{\sigma_A^2}{n_A} - \dfrac{\sigma_B^2}{n_B}$。

(　　) 5. 若 X 與 Y 是互相獨立的隨機變數，則 Var(X+Y)=Var(X−Y)。

二、選擇題

(　　) 1. 隨機抽自任兩個母體分別抽為 40 與 50 之兩獨立樣本。則 $(\overline{X_1} - \overline{X_2})$ 之抽樣分配　(A) 常態分配　(B) 近似於常態分配　(C) 自由度 88 之 t 分配　(D) 自由度 90 之卡方分配。

(　　) 2. 隨機抽自任兩個母體分別抽為 40 與 50 之兩獨立樣本。則 $\mathrm{E}(\overline{X_1} - \overline{X_2})$

　　(A) $\mu_1 - \mu_2$　(B) $\mu_1 + \mu_2$　(C) $\mu_1 \times \mu_2$　(D) $\dfrac{\mu_1}{40} - \dfrac{\mu_2}{50}$。

(　　) 3. 隨機抽自任兩個母體分別抽為 40 與 50 之兩獨立樣本。則 $\mathrm{V}(\overline{X_1} - \overline{X_2})$

　　(A) $\sigma_1^2 - \sigma_2^2$　(B) $\sigma_1^2 + \sigma_2^2$　(C) $\dfrac{\sigma_1^2}{40} - \dfrac{\sigma_2^2}{50}$　(D) $\dfrac{\sigma_1^2}{40} + \dfrac{\sigma_2^2}{50}$。

(　　) 4. 已知 X 與 Y 是互相獨立具有相同分配隨機變數，且 E(X)=2，Var(X)=5。求 Var(3X-2Y)。　(A) 5　(B) 26　(C) 65　(D) 100。

三、計算題

1. X $\sim$ N(2,6)，Y $\sim$ N(5,9)，X、與 Y 互相獨立。令 Z=3X-8Y，則 Z 的機率分配、期望值、變異數？

NOTE

Chapter

10

S^2 抽樣分配

一、卡方分配

二、S^2 抽樣分配

PART 3 ▶ 抽樣與抽樣分配篇

 卡方分配

卡方分配（Chi-square Distribution），記為 $\chi^2_{(n)}$

$r.v.X \sim \chi^2_{(n)}$

則　機率函數　　$f(x) = \dfrac{x^{\frac{n}{2}-1} \cdot e^{-\frac{x}{2}}}{\Gamma\left(\dfrac{n}{2}\right) \cdot 2^{\frac{n}{2}}}$　　$0 \le x \le \infty$

n 為自由度（Degree of Freedom）

其　$E(X) = n$

　　$V(X) = 2n$

卡方分配性質：

卡方分配之圖形為右偏，唯當自由度愈大，圖形愈趨於對稱。

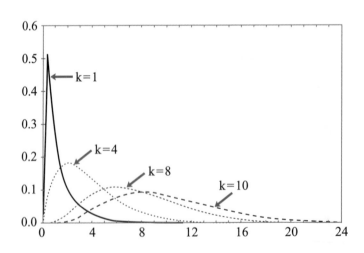

1.　卡方分配具加法性：

若 $X \sim \chi^2_{(v_1)}$，$Y \sim \chi^2_{(v_2)}$，X 與 Y 互相獨立，則 $X+Y \sim \chi^2_{(v_1+v_2)}$。

2.　若 $X \sim N(\mu, \sigma^2)$，$Z = \dfrac{X-\mu}{\sigma} \sim N(0,1)$，則 $Z^2 \sim \chi^2_{(1)}$。

3. 若 $X_i \sim N(\mu_i, \sigma_i^2)$，且 X_i 之間互相獨立，則

$$\left(\frac{X_1 - \mu_1}{\sigma_1}\right)^2 + \left(\frac{X_2 - \mu_2}{\sigma_2}\right)^2 + \ldots + \left(\frac{X_n - \mu_n}{\sigma_n}\right)^2 \sim \chi_{(n)}^2 \text{ ,}$$

即 $Z_1^2 + Z_2^2 + \ldots + Z_n^2 \sim \chi_{(n)}^2$。

4. 若 $X_1, X_2, \ldots, X_n \overset{iid}{\sim} N(\mu, \sigma^2)$，$\sigma^2$ 未知，則 $\frac{(n-1)S^2}{\sigma^2} \sim \chi_{(n-1)}^2$，即隨機樣本 $X_1, X_2, \ldots, X_n$ 來自母體 $N(\mu, \sigma^2)$，則 $\frac{(n-1)S^2}{\sigma^2}$ 自由度 n-1 之卡方分配。樣本變異數 S^2 的分佈是右偏的卡方分佈。

 ## 二 S^2 抽樣分配

樣本變異數 S^2 的分佈是右偏的卡方分佈

$$r.v.S^2 \sim ?$$

$$\frac{(n-1)S^2}{\sigma^2} \sim \chi_{(n-1)}^2$$

沒有單獨 r.v.$S^2 \sim$ ？，但是在 S^2 前面乘上 (n-1)，分母除以 σ^2，則為 $\chi_{(n-1)}^2$。

範例 **10-1**

青蛙跳遠距離呈常態，平均數 35cm，標準差 3cm，隨機抽青蛙 18 隻，試問此 18 隻瘦青蛙跳遠距離變異數小於 13.11 cm² 機率為何？

解 令 r.v.X 為瘦青蛙的跳遠距離

$$r.v.X \sim N\left(\mu = 35, \sigma^2 = 3^2\right)$$

$$P\left(S^2 < 13.11\right) = P\left(\frac{(n-1)S^2}{\sigma^2} < \frac{(n-1)}{\sigma^2} \times 13.11\right)$$

$$= P\left(\frac{17 \cdot S^2}{3^2} < \frac{17}{3^2} \times 13.11\right)$$

$$= P\left(\chi^2_{(17)} < \frac{17}{3^2} \times 13.11\right)$$

$$= P\left(\chi^2_{(17)} < 24.77\right) \ 查表$$

$$= 1 - 0.1$$

$$= 0.9$$

範例 **10-2**

LED 燈管壽命呈常態，平均數 1500hr，標準差 20hr，隨機 LED 燈管 20 支，試問此 20 支 LED 燈管壽命變異數小於 144 hr² 機率為何？

解 令 r.v.X LED 燈管壽命

$$r.v.X \sim N\left(\mu = 1500, \sigma^2 = 20^2\right)$$

$$P\left(S^2 < 144\right) = P\left(\frac{(n-1)S^2}{\sigma^2} < \frac{(n-1)}{\sigma^2} \cdot 144\right)$$

$$= P\left(\frac{19 \cdot S^2}{20^2} < \frac{19}{20^2} \cdot 144\right)$$

$$= P\left(\chi^2_{(19)} < \frac{19}{20^2} \cdot 144\right)$$

$$= P\left(\chi^2_{(19)} < 6.84\right) \ 查表$$

$$= 1 - 0.995$$

$$= 0.005$$

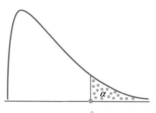

$\chi^2(\mathrm{df})$

df	0.995	0.990	0.975	0.95	0.90	0.10	0.05	0.025	0.01	0.005
1	0.000	0.0002	0.001	0.0039	0.0158	2.706	3.841	5.024	6.635	7.879
2	0.010	0.0201	0.051	0.1026	0.2107	4.605	5.991	7.378	9.210	10.597
3	0.072	0.1148	0.216	0.3518	0.5844	6.251	7.815	9.348	11.345	12.838
4	0.207	0.2971	0.484	0.7107	1.0636	7.779	9.488	11.143	13.277	14.860
5	0.412	0.5543	0.831	1.1455	1.6103	9.236	11.070	12.833	15.086	16.750
6	0.676	0.8721	1.237	1.6354	2.2041	10.645	12.592	14.449	16.812	18.548
7	0.989	1.2390	1.690	2.1673	2.8331	12.017	14.067	16.013	18.475	20.278
8	1.344	1.6465	2.180	2.7326	3.4895	13.362	15.507	17.535	20.090	21.955
9	1.735	2.0879	2.700	3.3251	4.1682	14.684	16.919	19.023	21.666	23.589
10	2.156	2.5582	3.247	3.9403	4.8652	15.987	18.307	20.483	23.209	25.188
11	2.603	3.0535	3.816	4.5748	5.5778	17.275	19.675	21.920	24.725	26.757
12	3.074	3.5806	4.404	5.2260	6.3038	18.549	21.026	23.337	26.217	28.300
13	3.565	4.1069	5.009	5.8919	7.0415	19.812	22.362	24.736	27.688	29.819
14	4.075	4.6604	5.629	6.5706	7.7895	21.064	23.685	26.119	29.141	31.319
15	4.601	5.2293	6.262	7.2609	8.5468	22.307	24.996	27.488	30.578	32.801
16	5.142	5.8122	6.908	7.9616	9.3122	23.542	26.296	28.845	32.000	34.267
17	5.697	6.4078	7.564	8.6718	10.0852	24.769	27.587	30.191	33.409	35.718
18	6.265	7.0149	8.231	9.3905	10.8649	25.989	28.869	31.526	34.805	37.156
19	6.844	7.6327	8.907	10.1170	11.6509	27.204	30.144	32.852	36.191	38.582
20	7.434	8.2604	9.591	10.8508	12.4426	28.412	31.410	34.170	37.566	39.997
21	8.034	8.8972	10.283	11.5913	13.2396	29.615	32.671	35.479	38.932	41.401
22	8.643	9.5425	10.982	12.3380	14.0415	30.813	33.924	36.781	40.289	42.796
23	9.260	10.1957	11.689	13.0905	14.8480	32.007	35.172	38.076	41.638	44.181
24	9.886	10.8564	12.401	13.8484	15.6587	33.196	36.415	39.364	42.980	45.559
25	10.520	11.5240	13.120	14.6114	16.4734	34.382	37.652	40.646	44.314	46.928
26	11.160	12.1981	13.844	15.3792	17.2919	35.563	38.885	41.923	45.642	48.290
27	11.808	12.8785	14.573	16.1514	18.1139	36.741	40.113	43.195	46.963	49.645
28	12.461	13.5647	15.308	16.9279	18.9392	37.916	41.337	44.461	48.278	50.993
29	13.121	14.2565	16.047	17.7084	19.7677	39.087	42.557	45.722	49.588	52.336
30	13.787	14.9535	16.791	18.4927	20.5992	40.256	43.773	46.979	50.892	53.672
40	20.707	22.1643	24.433	26.5093	29.0505	51.805	55.758	59.342	63.691	66.766
50	27.991	29.7067	32.357	34.7643	37.6886	63.167	67.505	71.420	76.154	79.490
60	35.534	37.4849	40.482	43.1880	46.4589	74.397	79.082	83.298	88.379	91.952
70	43.275	45.4417	48.758	51.7393	55.3289	85.527	90.531	95.023	100.425	104.215
80	51.172	53.5401	57.153	60.3915	64.2778	96.578	101.879	106.629	112.329	116.321
90	59.196	61.7541	65.647	69.1260	73.2911	107.565	113.145	118.136	124.116	128.299
100	67.328	70.0649	74.222	77.9295	82.3581	118.498	124.342	129.561	135.807	140.169
110	75.550	78.4583	82.867	86.7916	91.4710	129.385	135.480	140.917	147.414	151.948
120	83.852	86.9233	91.573	95.7046	100.6236	140.233	146.567	152.211	158.950	163.648

章後習題

一、是非題

( ) 1. 卡方分配是右偏分配，自由度愈大愈趨於對稱。

( ) 2. 卡方分配是右偏分配，自由度愈小愈高聳。

( ) 3. 若 $X \sim \chi^2_{(3)}$, $Y \sim \chi^2_{(7)}$ 且 X 與 Y 互相獨立，則 $X+Y \sim \chi^2_{(3)} + \chi^2_{(7)} \sim \chi^2_{(10)}$。

( ) 4. 若 $Z \sim N(0,1)$，則 $Z^2 \sim \chi^2_{(1)}$。

二、計算題

1. 龍蝦重量為常態分配，平均數為 158.8 公克，標準差為 3.51 公克。現抓取 30 隻龍蝦，S^2 為 30 隻龍蝦重量的變異數，則：

   (1) 樣本的變異數 S^2 大於 18.0795 公克^2 的機率？

   (2) $P(6.05656 < S^2 < 21.06644) = $？

2. 旗山香蕉長度為常態分配，平均數為 22 公分，標準差為 1.8 公分。現抓取 31 根旗山香蕉，S^2 為 31 根旗山香蕉的變異數，則樣本的變異數 S^2 大於 5.08 公分^2 的機率？

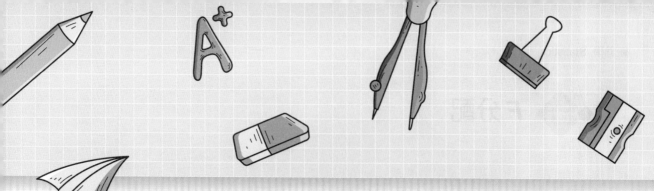

Chapter

11

$$\frac{S_A^2}{S_B^2}$$ 抽樣分配

一、F 分配

二、$\dfrac{S_A^2}{S_B^2}$ 抽樣分配

PART 3 ▶ 抽樣與抽樣分配篇

F 分配

若 $r.v.$ $\chi_1^2 \sim \chi_{(v_1)}^2$, $r.v.$ $\chi_2^2 \sim \chi_{(v_2)}^2$ 且 $r.v.$ χ_1^2 與 $r.v.$ χ_2^2 互相獨立

則 $r.v.$ $F \sim F_{(v_1, v_2)}$ 為自由度 v_1, v_2 之 F 分配

$$F = \frac{\chi_1^2 / v_1}{\chi_2^2 / v_2} \sim F_{(v_1, v_2)}$$

其 $E(F) = \dfrac{v_2}{v_2 - 2}, v_2 > 2$

$$V(F) = \frac{2v_2^2(v_1 + v_2 - 2)}{v_1(v_2 - 2)^2(v_2 - 4)}, v_2 > 4$$

F 分配性質：

1. F 分配圖形為右偏。F 分配是由「分子自由度 v_1」與「分母自由度 v_2」兩個參數共同決定，隨著自由度的變動，圖形也會跟著變動。圖形範例如下：

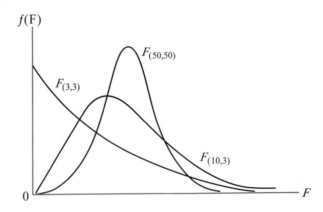

2. $\because F_{\alpha(v_1, v_2)}$ 圖為右尾機率值

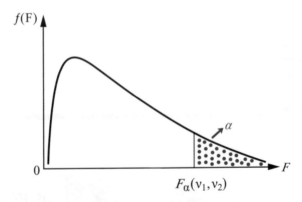

一般的 F 分配機率表，查不到大面積的右尾機率值。

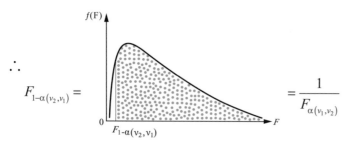

$$\therefore \quad F_{1-\alpha(v_2,v_1)} = \frac{1}{F_{\alpha(v_1,v_2)}}$$

3. 當 $v_1 = 1$，$v_2 \rightarrow \infty$，則 $\sqrt{F} \sim N(0,1)$ 標準常態分配。

4. 當 $v_1 = 1$，則 $\sqrt{F} \sim t_{v_2}$ 為自由度 v_2 之 t 分配。

5. 當 $v_1 \rightarrow \infty$，$v_2 = 1$，則 $\dfrac{1}{\sqrt{F}} \sim N(0,1)$ 標準常態分配。

範例 11-1

請查 F 表值

1. $F_{0.05(40,7)} = ?$

2. $F_{0.95(40,7)} = ?$

3. $F_{0.01(15,10)} = ?$

4. $F_{0.99(10,15)} = ?$

5. $F_{0.1(3,8)} = ?$

6. $F_{0.9(3,8)} = ?$

解

1. $F_{0.05(40,7)} = 3.340$

2. $F_{0.95(40,7)} = \dfrac{1}{F_{0.05(7,40)}} = \dfrac{1}{2.249} = 0.445$

小秘笈 秘

$F_{0.95(40,7)}$　　F 表僅提供小面積的查表，欲查大面積 0.95 的 F 值需翻 3 次

口訣：

第 1 次　　查不到 0.95 借 0.05 的表查

第 2 次　　自由度需對調，(40,7) 改成 (7,40)

第 3 次　　F 值還要取倒數

3.　　$F_{0.01(15,10)} = 4.56$

4.　　$F_{0.99(10,15)} = \dfrac{1}{F_{0.01(15,10)}} = \dfrac{1}{4.56} = 0.219$

$F_{0.99(10,15)}$	F 表僅提供小面積的查表，欲查大面積 0.99 的 F 值需翻 3 次

口訣：

第 1 次　　查不到 0.99 借 0.01 的表查

第 2 次　　自由度需對調，(10,15) 改成 (15,10)

第 3 次　　F 值還要取倒數

5.　　$F_{0.1(3,8)} = 2.92$

6.　　$F_{0.9(3,8)} = \dfrac{1}{F_{0.1(8,3)}} = \dfrac{1}{5.25} = 0.19$

F 表　$\alpha = 0.10$

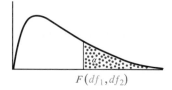

$F(df_1, df_2)$

df$_2$	df$_1$																	
	1	2	3	4	5	6	7	8	9	10	12	15	20	24	30	40	60	∞
1	39.8	49.5	53.5	55.8	57.2	58.2	58.9	59.4	59.8	60.1	60.7	61.2	61.7	62.0	62.2	62.5	62.7	63.3
2	8.53	9.00	9.16	9.24	9.29	9.33	9.35	9.37	9.38	9.39	9.41	9.42	9.44	9.45	9.46	9.47	9.47	9.49
3	5.54	5.46	5.39	5.34	5.31	5.28	5.27	5.25	5.24	5.23	5.22	5.20	5.18	5.18	5.17	5.16	5.15	5.13
4	4.54	4.32	4.19	4.11	4.05	4.01	3.98	3.95	3.94	3.92	3.90	3.87	3.84	3.83	3.82	3.80	3.79	3.76
5	4.06	3.78	3.62	3.52	3.45	3.40	3.37	3.34	3.32	3.30	3.27	3.24	3.21	3.19	3.17	3.16	3.14	3.11
6	3.78	3.46	3.29	3.18	3.11	3.05	3.01	2.98	2.96	2.94	2.90	2.87	2.84	2.82	2.80	2.78	2.76	2.72
7	3.59	3.26	3.07	2.96	2.88	2.83	2.78	2.75	2.72	2.70	2.67	2.63	2.59	2.58	2.56	2.54	2.51	2.47
8	3.46	3.11	2.92	2.81	2.73	2.67	2.62	2.59	2.56	2.54	2.50	2.46	2.42	2.40	2.38	2.36	2.34	2.29
9	3.36	3.01	2.81	2.69	2.61	2.55	2.51	2.47	2.44	2.42	2.38	2.34	2.30	2.28	2.25	2.23	2.21	2.16
10	3.29	2.92	2.73	2.61	2.52	2.46	2.41	2.38	2.35	2.32	2.28	2.24	2.20	2.18	2.16	2.13	2.11	2.06
11	3.23	2.86	2.66	2.54	2.45	2.39	2.34	2.30	2.27	2.25	2.21	2.17	2.12	2.10	2.08	2.05	2.03	1.97
12	3.18	2.81	2.61	2.48	2.39	2.33	2.28	2.24	2.21	2.19	2.15	2.10	2.06	2.04	2.01	1.99	1.96	1.90
13	3.14	2.76	2.56	2.43	2.35	2.28	2.23	2.20	2.16	2.14	2.10	2.05	2.01	1.98	1.96	1.93	1.90	1.85
14	3.10	2.73	2.52	2.39	2.31	2.24	2.19	2.15	2.12	2.10	2.05	2.01	1.96	1.94	1.91	1.89	1.86	1.80
15	3.07	2.70	2.49	2.36	2.27	2.21	2.16	2.12	2.09	2.06	2.02	1.97	1.92	1.90	1.87	1.85	1.82	1.76
16	3.05	2.67	2.46	2.33	2.24	2.18	2.13	2.09	2.06	2.03	1.99	1.94	1.89	1.87	1.84	1.81	1.78	1.72
17	3.03	2.64	2.44	2.31	2.22	2.15	2.10	2.06	2.03	2.00	1.96	1.91	1.86	1.84	1.81	1.78	1.75	1.69
18	3.01	2.62	2.42	2.29	2.20	2.13	2.08	2.04	2.00	1.98	1.93	1.89	1.84	1.81	1.78	1.75	1.72	1.66
19	2.99	2.61	2.40	2.27	2.18	2.11	2.06	2.02	1.98	1.96	1.91	1.86	1.81	1.79	1.76	1.73	1.70	1.63
20	2.97	2.59	2.38	2.25	2.16	2.09	2.04	2.00	1.96	1.94	1.89	1.84	1.79	1.77	1.74	1.71	1.68	1.61
21	2.96	2.57	2.36	2.23	2.14	2.08	2.02	1.98	1.95	1.92	1.87	1.83	1.78	1.75	1.72	1.69	1.66	1.59
22	2.95	2.56	2.35	2.22	2.13	2.06	2.01	1.97	1.93	1.90	1.86	1.81	1.76	1.73	1.70	1.67	1.64	1.57
23	2.94	2.55	2.34	2.21	2.11	2.05	1.99	1.95	1.92	1.89	1.84	1.80	1.74	1.72	1.69	1.66	1.62	1.55
24	2.93	2.54	2.33	2.19	2.10	2.04	1.98	1.94	1.91	1.88	1.83	1.78	1.73	1.70	1.67	1.64	1.61	1.53
25	2.92	2.53	2.32	2.18	2.09	2.02	1.97	1.93	1.89	1.87	1.82	1.77	1.72	1.69	1.66	1.63	1.59	1.52
26	2.91	2.52	2.31	2.17	2.08	2.01	1.96	1.92	1.88	1.86	1.81	1.76	1.71	1.68	1.65	1.61	1.58	1.50
27	2.90	2.51	2.30	2.17	2.07	2.00	1.95	1.91	1.87	1.85	1.80	1.75	1.70	1.67	1.64	1.60	1.57	1.49
28	2.89	2.50	2.29	2.16	2.06	2.00	1.94	1.90	1.87	1.84	1.79	1.74	1.69	1.66	1.63	1.59	1.56	1.48
29	2.89	2.50	2.28	2.15	2.06	1.99	1.93	1.89	1.86	1.83	1.78	1.73	1.68	1.65	1.62	1.58	1.55	1.47
30	2.88	2.49	2.28	2.14	2.05	1.98	1.93	1.88	1.85	1.82	1.77	1.72	1.67	1.64	1.61	1.57	1.54	1.46
40	2.84	2.44	2.23	2.09	2.00	1.93	1.87	1.83	1.79	1.76	1.71	1.66	1.61	1.57	1.54	1.51	1.47	1.38
60	2.79	2.39	2.18	2.04	1.95	1.87	1.82	1.77	1.74	1.71	1.66	1.60	1.54	1.51	1.48	1.44	1.40	1.29
∞	2.71	2.30	2.08	1.94	1.85	1.77	1.72	1.67	1.63	1.60	1.55	1.49	1.42	1.38	1.34	1.30	1.24	1.00

F 表　$\alpha = 0.05$

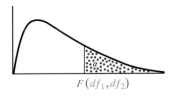

$F(df_1, df_2)$

df_2	df_1																	
	1	2	3	4	5	6	7	8	9	10	12	15	20	24	30	40	60	∞
1	161.4	199.5	215.7	224.5	230.1	233.9	236.7	238.8	240.5	241.8	243.9	245.9	248.0	249.0	250.1	251.1	252.2	254.3
2	18.51	19.00	19.16	19.25	19.30	19.33	19.35	19.37	19.38	19.40	19.41	19.43	19.45	19.45	19.46	19.47	19.48	19.50
3	10.13	9.55	9.28	9.12	9.01	8.94	8.89	8.85	8.81	8.79	8.74	8.70	8.66	8.64	8.62	8.59	8.57	8.53
4	7.71	6.94	6.59	6.39	6.26	6.16	6.09	6.04	6.00	5.96	5.91	5.86	5.80	5.77	5.75	5.72	5.69	5.63
5	6.61	5.79	5.41	5.19	5.05	4.95	4.88	4.82	4.77	4.74	4.68	4.62	4.56	4.53	4.50	4.46	4.43	4.37
6	5.99	5.14	4.76	4.53	4.39	4.28	4.21	4.15	4.10	4.06	4.00	3.94	3.87	3.84	3.81	3.77	3.74	3.67
7	5.59	4.74	4.35	4.12	3.97	3.87	3.79	3.73	3.68	3.64	3.57	3.51	3.44	3.41	3.38	3.34	3.30	3.23
8	5.32	4.46	4.07	3.84	3.69	3.58	3.50	3.44	3.39	3.35	3.28	3.22	3.15	3.12	3.08	3.04	3.01	2.93
9	5.12	4.26	3.86	3.63	3.48	3.37	3.29	3.23	3.18	3.14	3.07	3.01	2.94	2.90	2.86	2.83	2.79	2.71
10	4.96	4.10	3.71	3.48	3.33	3.22	3.14	3.07	3.02	2.98	2.91	2.85	2.77	2.74	2.70	2.66	2.62	2.54
11	4.84	3.98	3.59	3.36	3.20	3.09	3.01	2.95	2.90	2.85	2.79	2.72	2.65	2.61	2.57	2.53	2.49	2.40
12	4.75	3.89	3.49	3.26	3.11	3.00	2.91	2.85	2.80	2.75	2.69	2.62	2.54	2.51	2.47	2.43	2.38	2.30
13	4.67	3.81	3.41	3.18	3.03	2.92	2.83	2.77	2.71	2.67	2.60	2.53	2.46	2.42	2.38	2.34	2.30	2.21
14	4.60	3.74	3.34	3.11	2.96	2.85	2.76	2.70	2.65	2.60	2.53	2.46	2.39	2.35	2.31	2.27	2.22	2.13
15	4.54	3.68	3.29	3.06	2.90	2.79	2.71	2.64	2.59	2.54	2.48	2.40	2.33	2.29	2.25	2.20	2.16	2.07
16	4.49	3.63	3.24	3.01	2.85	2.74	2.66	2.59	2.54	2.49	2.42	2.35	2.28	2.24	2.19	2.15	2.11	2.01
17	4.45	3.59	3.20	2.96	2.81	2.70	2.61	2.55	2.49	2.45	2.38	2.31	2.23	2.19	2.15	2.10	2.06	1.96
18	4.41	3.55	3.16	2.93	2.77	2.66	2.58	2.51	2.46	2.41	2.34	2.27	2.19	2.15	2.11	2.06	2.02	1.92
19	4.38	3.52	3.13	2.90	2.74	2.63	2.54	2.48	2.42	2.38	2.31	2.23	2.16	2.11	2.07	2.03	1.98	1.88
20	4.35	3.49	3.10	2.87	2.71	2.60	2.51	2.45	2.39	2.35	2.28	2.20	2.12	2.08	2.04	1.99	1.95	1.84
21	4.32	3.47	3.07	2.84	2.68	2.57	2.49	2.42	2.37	2.32	2.25	2.18	2.10	2.05	2.01	1.96	1.92	1.81
22	4.30	3.44	3.05	2.82	2.66	2.55	2.46	2.40	2.34	2.30	2.23	2.15	2.07	2.03	1.98	1.94	1.89	1.78
23	4.28	3.42	3.03	2.80	2.64	2.53	2.44	2.37	2.32	2.27	2.20	2.13	2.05	2.01	1.96	1.91	1.86	1.76
24	4.26	3.40	3.01	2.78	2.62	2.51	2.42	2.36	2.30	2.25	2.18	2.11	2.03	1.98	1.94	1.89	1.84	1.73
25	4.24	3.39	2.99	2.76	2.60	2.49	2.40	2.34	2.28	2.24	2.16	2.09	2.01	1.96	1.92	1.87	1.82	1.71
26	4.23	3.37	2.98	2.74	2.59	2.47	2.39	2.32	2.27	2.22	2.15	2.07	1.99	1.95	1.90	1.85	1.80	1.69
27	4.21	3.35	2.96	2.73	2.57	2.46	2.37	2.31	2.25	2.20	2.13	2.06	1.97	1.93	1.88	1.84	1.79	1.67
28	4.20	3.34	2.95	2.71	2.56	2.45	2.36	2.29	2.24	2.19	2.12	2.04	1.96	1.91	1.87	1.82	1.77	1.65
29	4.18	3.33	2.93	2.70	2.55	2.43	2.35	2.28	2.22	2.18	2.10	2.03	1.94	1.90	1.85	1.81	1.75	1.64
30	4.17	3.32	2.92	2.69	2.53	2.42	2.33	2.27	2.21	2.16	2.09	2.01	1.93	1.89	1.84	1.79	1.74	1.62
40	4.08	3.23	2.84	2.61	2.45	2.34	2.25	2.18	2.12	2.08	2.00	1.92	1.84	1.79	1.74	1.69	1.64	1.51
60	4.00	3.15	2.76	2.53	2.37	2.25	2.17	2.10	2.04	1.99	1.92	1.84	1.75	1.70	1.65	1.59	1.53	1.39
∞	3.84	3.00	2.60	2.37	2.21	2.10	2.01	1.94	1.88	1.83	1.75	1.67	1.57	1.52	1.46	1.39	1.32	1.00

F 表 $\alpha = 0.025$

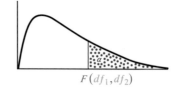

$F(df_1, df_2)$

df₂	df₁																	
	1	2	3	4	5	6	7	8	9	10	12	15	20	24	30	40	60	∞
1	647.7	799.5	864.1	899.5	921.8	937.1	948.2	956.6	963.2	968.6	976.7	984.8	993.1	997.2	1001.4	1005.6	1009.8	1018.2
2	38.51	39.00	39.17	39.25	39.30	39.33	39.36	39.37	39.39	39.40	39.41	39.43	39.45	39.46	39.47	39.47	39.48	39.50
3	17.44	16.04	15.44	15.10	14.88	14.73	14.62	14.54	14.47	14.42	14.34	14.25	14.17	14.12	14.08	14.04	13.99	13.90
4	12.22	10.65	9.98	9.60	9.36	9.20	9.07	8.98	8.90	8.84	8.75	8.66	8.56	8.51	8.46	8.41	8.36	8.26
5	10.01	8.43	7.76	7.39	7.15	6.98	6.85	6.76	6.68	6.62	6.52	6.43	6.33	6.28	6.23	6.18	6.12	6.02
6	8.81	7.26	6.60	6.23	5.99	5.82	5.70	5.60	5.52	5.46	5.37	5.27	5.17	5.12	5.07	5.01	4.96	4.85
7	8.07	6.54	5.89	5.52	5.29	5.12	4.99	4.90	4.82	4.76	4.67	4.57	4.47	4.42	4.36	4.31	4.25	4.14
8	7.57	6.06	5.42	5.05	4.82	4.65	4.53	4.43	4.36	4.30	4.20	4.10	4.00	3.95	3.89	3.84	3.78	3.67
9	7.21	5.71	5.08	4.72	4.48	4.32	4.20	4.10	4.03	3.96	3.87	3.77	3.67	3.61	3.56	3.51	3.45	3.33
10	6.94	5.46	4.83	4.47	4.24	4.07	3.95	3.85	3.78	3.72	3.62	3.52	3.42	3.37	3.31	3.26	3.20	3.08
11	6.72	5.26	4.63	4.28	4.04	3.88	3.76	3.66	3.59	3.53	3.43	3.33	3.23	3.17	3.12	3.06	3.00	2.88
12	6.55	5.10	4.47	4.12	3.89	3.73	3.61	3.51	3.44	3.37	3.28	3.18	3.07	3.02	2.96	2.91	2.85	2.73
13	6.41	4.97	4.35	4.00	3.77	3.60	3.48	3.39	3.31	3.25	3.15	3.05	2.95	2.89	2.84	2.78	2.72	2.60
14	6.30	4.86	4.24	3.89	3.66	3.50	3.38	3.29	3.21	3.15	3.05	2.95	2.84	2.79	2.73	2.67	2.61	2.49
15	6.20	4.77	4.15	3.80	3.58	3.41	3.29	3.20	3.12	3.06	2.96	2.86	2.76	2.70	2.64	2.59	2.52	2.40
16	6.12	4.69	4.08	3.73	3.50	3.34	3.22	3.12	3.05	2.99	2.89	2.79	2.68	2.63	2.57	2.51	2.45	2.32
17	6.04	4.62	4.01	3.66	3.44	3.28	3.16	3.06	2.98	2.92	2.82	2.72	2.62	2.56	2.50	2.44	2.38	2.25
18	5.98	4.56	3.95	3.61	3.38	3.22	3.10	3.01	2.93	2.87	2.77	2.67	2.56	2.50	2.45	2.38	2.32	2.19
19	5.92	4.51	3.90	3.56	3.33	3.17	3.05	2.96	2.88	2.82	2.72	2.62	2.51	2.45	2.39	2.33	2.27	2.13
20	5.87	4.46	3.86	3.51	3.29	3.13	3.01	2.91	2.84	2.77	2.68	2.57	2.46	2.41	2.35	2.29	2.22	2.09
21	5.83	4.42	3.82	3.48	3.25	3.09	2.97	2.87	2.80	2.73	2.64	2.53	2.42	2.37	2.31	2.25	2.18	2.04
22	5.79	4.38	3.78	3.44	3.22	3.05	2.93	2.84	2.76	2.70	2.60	2.50	2.39	2.33	2.27	2.21	2.15	2.00
23	5.75	4.35	3.75	3.41	3.18	3.02	2.90	2.81	2.73	2.67	2.57	2.47	2.36	2.30	2.24	2.18	2.11	1.97
24	5.72	4.32	3.72	3.38	3.15	2.99	2.87	2.78	2.70	2.64	2.54	2.44	2.33	2.27	2.21	2.15	2.08	1.94
25	5.69	4.29	3.69	3.35	3.13	2.97	2.85	2.75	2.68	2.61	2.51	2.41	2.30	2.24	2.18	2.12	2.05	1.91
26	5.66	4.27	3.67	3.33	3.10	2.94	2.82	2.73	2.65	2.59	2.49	2.39	2.28	2.22	2.16	2.09	2.03	1.88
27	5.63	4.24	3.65	3.31	3.08	2.92	2.80	2.71	2.63	2.57	2.47	2.36	2.25	2.19	2.13	2.07	2.00	1.85
28	5.61	4.22	3.63	3.29	3.06	2.90	2.78	2.69	2.61	2.55	2.45	2.34	2.23	2.17	2.11	2.05	1.98	1.83
29	5.59	4.20	3.61	3.27	3.04	2.88	2.76	2.67	2.59	2.53	2.43	2.32	2.21	2.15	2.09	2.03	1.96	1.81
30	5.57	4.18	3.59	3.25	3.03	2.87	2.75	2.65	2.57	2.51	2.41	2.31	2.20	2.14	2.07	2.01	1.94	1.79
40	5.42	4.05	3.46	3.13	2.90	2.74	2.62	2.53	2.45	2.39	2.29	2.18	2.07	2.01	1.94	1.88	1.80	1.64
60	5.29	3.93	3.34	3.01	2.79	2.63	2.51	2.41	2.33	2.27	2.17	2.06	1.94	1.88	1.82	1.74	1.67	1.48
∞	5.02	3.69	3.12	2.79	2.57	2.41	2.29	2.19	2.11	2.05	1.94	1.83	1.71	1.64	1.57	1.48	1.39	1.00

F 表 $\alpha = 0.01$

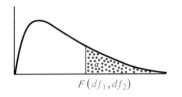

$F(df_1, df_2)$

df$_2$	df$_1$																		
	1	2	3	4	5	6	7	8	9	10	12	15	20	24	30	40	60	∞
1	4052.1	4999.5	5403.3	5624.5	5763.6	5858.9	5928.3	5981.0	6022.4	6055.8	6106.3	6157.2	6208.7	6234.6	6260.6	6286.7	6313.0	6365.8
2	98.50	99.00	99.17	99.25	99.30	99.33	99.36	99.37	99.39	99.40	99.42	99.43	99.45	99.46	99.47	99.47	99.48	99.50
3	34.12	30.82	29.46	28.71	28.24	27.91	27.67	27.49	27.35	27.23	27.05	26.87	26.69	26.60	26.51	26.41	26.32	26.13
4	21.20	18.00	16.69	15.98	15.52	15.21	14.98	14.80	14.66	14.55	14.37	14.20	14.02	13.93	13.84	13.75	13.65	13.46
5	16.26	13.27	12.06	11.39	10.97	10.67	10.46	10.29	10.16	10.05	9.89	9.72	9.55	9.47	9.38	9.29	9.20	9.02
6	13.75	10.93	9.78	9.15	8.75	8.47	8.26	8.10	7.98	7.87	7.72	7.56	7.40	7.31	7.23	7.14	7.06	6.88
7	12.25	9.55	8.45	7.85	7.46	7.19	6.99	6.84	6.72	6.62	6.47	6.31	6.16	6.07	5.99	5.91	5.82	5.65
8	11.26	8.65	7.59	7.01	6.63	6.37	6.18	6.03	5.91	5.81	5.67	5.52	5.36	5.28	5.20	5.12	5.03	4.86
9	10.56	8.02	6.99	6.42	6.06	5.80	5.61	5.47	5.35	5.26	5.11	4.96	4.81	4.73	4.65	4.57	4.48	4.31
10	10.04	7.56	6.55	5.99	5.64	5.39	5.20	5.06	4.94	4.85	4.71	4.56	4.41	4.33	4.25	4.17	4.08	3.91
11	9.65	7.21	6.22	5.67	5.32	5.07	4.89	4.74	4.63	4.54	4.40	4.25	4.10	4.02	3.94	3.86	3.78	3.60
12	9.33	6.93	5.95	5.41	5.06	4.82	4.64	4.50	4.39	4.30	4.16	4.01	3.86	3.78	3.70	3.62	3.54	3.36
13	9.07	6.70	5.74	5.21	4.86	4.62	4.44	4.30	4.19	4.10	3.96	3.82	3.67	3.59	3.51	3.43	3.34	3.17
14	8.86	6.52	5.56	5.04	4.70	4.46	4.28	4.14	4.03	3.94	3.80	3.66	3.51	3.43	3.35	3.27	3.18	3.00
15	8.68	6.36	5.42	4.89	4.56	4.32	4.14	4.00	3.90	3.81	3.67	3.52	3.37	3.29	3.21	3.13	3.05	2.87
16	8.53	6.23	5.29	4.77	4.44	4.20	4.03	3.89	3.78	3.69	3.55	3.41	3.26	3.18	3.10	3.02	2.93	2.75
17	8.40	6.11	5.19	4.67	4.34	4.10	3.93	3.79	3.68	3.59	3.46	3.31	3.16	3.08	3.00	2.92	2.84	2.65
18	8.29	6.01	5.09	4.58	4.25	4.02	3.84	3.71	3.60	3.51	3.37	3.23	3.08	3.00	2.92	2.84	2.75	2.57
19	8.19	5.93	5.01	4.50	4.17	3.94	3.77	3.63	3.52	3.43	3.30	3.15	3.00	2.93	2.84	2.76	2.67	2.49
20	8.10	5.85	4.94	4.43	4.10	3.87	3.70	3.56	3.46	3.37	3.23	3.09	2.94	2.86	2.78	2.70	2.61	2.42
21	8.02	5.78	4.87	4.37	4.04	3.81	3.64	3.51	3.40	3.31	3.17	3.03	2.88	2.80	2.72	2.64	2.55	2.36
22	7.95	5.72	4.82	4.31	3.99	3.76	3.59	3.45	3.35	3.26	3.12	2.98	2.83	2.75	2.67	2.58	2.50	2.31
23	7.88	5.66	4.77	4.26	3.94	3.71	3.54	3.41	3.30	3.21	3.07	2.93	2.78	2.70	2.62	2.54	2.45	2.26
24	7.82	5.61	4.72	4.22	3.90	3.67	3.50	3.36	3.26	3.17	3.03	2.89	2.74	2.66	2.58	2.49	2.40	2.21
25	7.77	5.57	4.68	4.18	3.86	3.63	3.46	3.32	3.22	3.13	2.99	2.85	2.70	2.62	2.54	2.45	2.36	2.17
26	7.72	5.53	4.64	4.14	3.82	3.59	3.42	3.29	3.18	3.09	2.96	2.82	2.66	2.59	2.50	2.42	2.33	2.13
27	7.68	5.49	4.60	4.11	3.79	3.56	3.39	3.26	3.15	3.06	2.93	2.78	2.63	2.55	2.47	2.38	2.29	2.10
28	7.64	5.45	4.57	4.07	3.75	3.53	3.36	3.23	3.12	3.03	2.90	2.75	2.60	2.52	2.44	2.35	2.26	2.06
29	7.60	5.42	4.54	4.05	3.73	3.50	3.33	3.20	3.09	3.01	2.87	2.73	2.57	2.50	2.41	2.33	2.23	2.03
30	7.56	5.39	4.51	4.02	3.70	3.47	3.30	3.17	3.07	2.98	2.84	2.70	2.55	2.47	2.39	2.30	2.21	2.01
40	7.31	5.18	4.31	3.83	3.51	3.29	3.12	2.99	2.89	2.80	2.67	2.52	2.37	2.29	2.20	2.11	2.02	1.81
60	7.08	4.98	4.13	3.65	3.34	3.12	2.95	2.82	2.72	2.63	2.50	2.35	2.20	2.12	2.03	1.94	1.84	1.60
∞	6.64	4.61	3.78	3.32	3.02	2.80	2.64	2.51	2.41	2.32	2.19	2.04	1.88	1.79	1.70	1.59	1.47	1.00

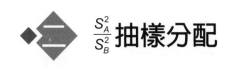 $\dfrac{S_A^2}{S_B^2}$ **抽樣分配**

樣本變異數比 $\dfrac{S_A^2}{S_B^2}$ 抽樣分佈是右偏的 F 分佈。

$$\frac{S_A^2}{S_B^2} \sim ?$$

$$\frac{(n_A-1)S_A^2}{\sigma_A^2} \sim \chi_{(n_A-1)}^2$$

$$\frac{(n_B-1)S_B^2}{\sigma_B^2} \sim \chi_{(n_B-1)}^2$$

$$F = \frac{\chi_{(n_A-1)}^2/(n_A-1)}{\chi_{(n_B-1)}^2/(n_B-1)} = \frac{\dfrac{(n_A-1)S_A^2}{\sigma_A^2}/(n_A-1)}{\dfrac{(n_B-1)S_B^2}{\sigma_B^2}/(n_B-1)} = \frac{S_A^2}{S_B^2} \times \frac{\sigma_B^2}{\sigma_A^2} \sim F_{(n_A-1,\,n_B-1)}$$

一、是非題

(　　) 1. 若 r.v. $\chi_1^2 \sim \chi_{(15)}^2$，r.v. $\chi_2^2 \sim \chi_{(10)}^2$ 且 r.v. χ_1^2 與 r.v. χ_2^2 互相獨立，則

$\dfrac{\chi_1^2/15}{\chi_2^2/10} \sim F_{(15,10)}$ 。

(　　) 2. 若 r.v. $\chi_1^2 \sim \chi_{(8)}^2$，r.v. $\chi_2^2 \sim \chi_{(9)}^2$ 且 r.v. χ_1^2 與 r.v. χ_2^2 互相獨立，則 $\dfrac{\chi_1^2/8}{\chi_2^2/9} \sim F_{(9,8)}$ 。

(　　) 3. 若 r.v. $\chi_1^2 \sim \chi_{(15)}^2$，r.v. $\chi_2^2 \sim \chi_{(10)}^2$，則 $\dfrac{\chi_1^2/15}{\chi_2^2/10} \sim F_{(15,10)}$ 。

二、計算題

1. 查表 $F_\alpha(v_1, v_2)$

　　(1)　$F_{0.025}(15,20) = ?$

　　(2)　$F_{0.025}(20,15) = ?$

　　(3)　$F_{0.005}(20,15) = ?$

　　(4)　$F_{0.995}(20,15) = ?$

　　(5)　$F_{0.975}(20,15) = ?$

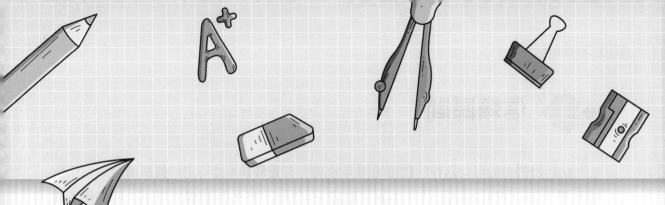

12

單一母體平均數 μ 的信賴區間

一、信賴區間

二、μ 的信賴區間

三、t 分配

四、估算樣本大小

PART 4　　▶　推估篇

信賴區間

　　估計母體參數可能落在的數值範圍等於某特定機率下。此特定的機率值可以稱為信賴水準（Level of Confidence）= $1-\alpha$。假若 $\alpha = 0.05$，在 95% 信賴水準下，則信賴區間（Confidence Interval；C.I）是從樣本數據計算出來的一個區間，保證在所有樣本當中，有 95% 會把眞正的母體參數包含在區間之中，統計學家通常使用 99%、95% 與 90% 這三種信賴水準（或稱信心水準）。

　　有四種母體參數需做信賴區間推估。與母體平均數有關之信賴區間推估使用 Normal 分配或 t 分配；與單一母體變異數有關之信賴區間推估使用 χ^2 卡方分配；與兩母體變異數比有關之信賴區間推估使用 F 分配。整理如下列所示：

1. μ 的信賴區間　　　　　　（使用 Normal 或 t）

2. $\mu_A - \mu_B$ 的信賴區間　　　（使用 Normal 或 t）

3. σ^2 的信賴區間　　　　　（使用 χ^2）

4. $\dfrac{\sigma_A^2}{\sigma_B^2}$ 的信賴區間　　　　（使用 F）

　　而進行「母體參數」信賴區間推估時，需找到其對應「樣本統計量之抽樣分配」，如此可以不需強背公式，輕輕鬆鬆進行信賴區間推估。

　　母體母數（固定數）　　　　樣本統計量（隨機變數）

1. μ 的信賴區間　　$\longleftarrow$　　$\bar{X} \sim$

2. $\mu_A - \mu_B$ 的信賴區間　$\longleftarrow$　$\left(\bar{X}_A - \bar{X}_B\right) \sim$

3. σ^2 的信賴區間　　$\longleftarrow$　　$S^2 \sim$

4. $\dfrac{\sigma_A^2}{\sigma_B^2}$ 的信賴區間　$\longleftarrow$　$\dfrac{S_A^2}{S_B^2} \sim$

二 μ 的信賴區間

μ 的最好估計式為 $\overline{X}$，所以運用 $\overline{X}$ 抽樣分配三個重要定理。

中央極限定理 C.L.T

定理 1	定理 2	定理 3
若 $X \sim ?(\mu, \sigma^2)$ 則 $\overline{X} \sim ?(\mu, \frac{\sigma^2}{n})$	若 $X \sim N(\mu, \sigma^2)$ 則 $\overline{X} \sim N(\mu, \frac{\sigma^2}{n})$	若 $X \sim ?(\mu, \sigma^2)$ 則 $\overline{X} \sim N(\mu, \frac{\sigma^2}{n})$ $n \geq 30$

母體分佈不知，　　母體分佈 Normal，　　母體分佈不知，

則 $\overline{X}$ 分佈也不知　　則 $\overline{X}$ 分佈必 Normal　　則只要樣本 ≥ 30，$\overline{X}$ 分佈必 Normal

範例 12-1

Fu 草莓園，每顆重量分佈呈 *normal*，μ 未知，$\sigma^2 = 9g^2$。

你受邀至 Fu 草莓園摘 25 顆，平均重 50g，$S^2 = 16g^2$，以 $\alpha = 0.05$ 求 μ 的 C.I？

解 令 *r.v.X* 為草莓重量

$\because$ 求 μ 的信賴區間　$\therefore$ 需找到 $\overline{X} \sim$

$\because X \sim N\left(\mu = ?, \sigma^2 = 3^2\right)$

$\therefore \overline{X} \sim N\left(\mu = ?, \dfrac{\sigma^2}{n} = \dfrac{3^2}{25}\right)$

下限：$\overline{X} - Z \times \sqrt{\dfrac{\sigma^2}{n}} = 50 - 1.96 \times \sqrt{\dfrac{3^2}{25}} = 48.824$

上限：$\overline{X} + Z \times \sqrt{\dfrac{\sigma^2}{n}} = 50 + 1.96 \times \sqrt{\dfrac{3^2}{25}} = 51.176$

$\therefore 1 - \alpha = 0.95 = 95\%$，$\mu$ 的 95% C.I 為 (48.824，51.175)

範例 **12-2**

Fu 草莓園，μ 未知，$\sigma^2 = 9g^2$。

你受邀至 Fu 園摘 25 顆，平均重 50g，$S^2 = 16g^2$，以 α =0.05 求 μ 的 C.I ?

解 令 *r.v.X* 為草莓重量

∵求 μ 的信賴區間 ∴需找到 $\bar{X} \sim$

$$X \sim ?\left(\mu = ?, \sigma^2 = 3^2\right)$$

$$\bar{X} \sim ?\left(\mu = ?, \frac{\sigma^2}{n} = \frac{3^2}{25}\right)$$ ∵ n<30 無法套用 C.L.T，$\bar{X} \sim ?$ 就無法套用抽樣分配，故無解。

範例 **12-3**

Fu 草莓園，μ 未知，$\sigma^2 = 9g^2$。

你受邀至 Fu 園摘 36 顆，平均重 50g，$S^2 = 16g^2$，以 α =0.05 求 μ 的 C.I ?

解 令 *r.v.X* 為草莓重量

∵求 μ 的信賴區間 ∴需找到 $\bar{X} \sim$

$$\because X \sim ?\left(\mu = ?, \sigma^2 = 3^2\right)$$

$$\therefore \bar{X} \underset{n>30}{\overset{C.L.T}{\sim}} N\left(\mu = ?, \frac{\sigma^2}{n} = \frac{3^2}{36}\right)$$

下限：$\bar{X} - Z \times \sqrt{\dfrac{\sigma^2}{n}} = 50 - 1.96 \times \sqrt{\dfrac{3^2}{36}} = 49.02$

上限：$\bar{X} + Z \times \sqrt{\dfrac{\sigma^2}{n}} = 50 + 1.96 \times \sqrt{\dfrac{3^2}{36}} = 50.98$

$\therefore 1 - \alpha = 0.95 = 95\%$，$\mu$ 的 95% C.I 為 (48.02，50.98)

範例 12-4

Fu 草莓園，每顆重量一無所知。

你受邀至 Fu 園摘 36 顆，平均重 50g，$S^2=16g^2$，以 $\alpha=0.05$ 求 μ 的 C.I？

解 令 *r.v.X* 為草莓重量

∵求 μ 的信賴區間 ∴需找到 $\bar{X} \sim$

$$X \sim ?\left(\mu=?, \sigma^2=?\right)$$

$$\bar{X} \overset{\underset{\text{C.L.T}}{}}{\underset{n>30}{\sim}} N\left(\mu=?, \frac{\sigma^2}{n}=\frac{?}{36}\right)$$

下限：$\bar{X}-Z\times\sqrt{\dfrac{?}{n}}=\bar{X}-t_{(n-1)}\times\sqrt{\dfrac{S^2}{n}}=50-1.96\times\sqrt{\dfrac{16}{36}}=48.693$

上限：$\bar{X}+Z\times\sqrt{\dfrac{?}{n}}=\bar{X}+t_{(n-1)}\times\sqrt{\dfrac{S^2}{n}}=50+1.96\times\sqrt{\dfrac{16}{36}}=51.306$

∵$\sigma^2=?$

∴用 $S^2=16$ 代替，此時 Z 分配改 t 分配

又∵n>30，t 分配查表值又趨近於 Z 分配，t 表與 Z 表均可

∴$1-\alpha=0.95=95\%$，μ 的 95% C.I 為 (48.693，51.306)

◆三 *t* 分配

由於在實際工作中，往往 σ 是未知的，常用 S 作為 σ 的估計值。此時 Z 分配轉換成 *t* 分佈（Student t），稱為 t 變換。

假設 X 服從標準常態分佈 N（0,1），Y 服從 $\chi^2_{(n)}$ 分佈，那麼：

$$t_{(n)}=\frac{Z}{\sqrt{\dfrac{\chi^2_{(n)}}{n}}}$$

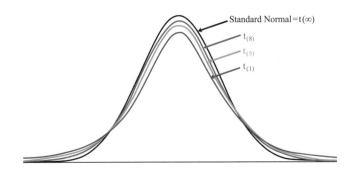

範例 12-5

Fu 草莓園，每顆重量分佈呈 normal，μ 未知，σ^2 未知。

你受邀至 Fu 園摘 25 顆，平均重 50g，$S^2 = 16g^2$，以 $\alpha = 0.05$ 求 μ 的 C.I？

解 令 r.v.X 為草莓重量

∵求 μ 的信賴區間 ∴需找到 $\overline{X}$ ~

∵ $X \sim N\left(\mu = ?, \sigma^2 = ?\right)$

∴ $\overline{X} \sim N\left(\mu = ?, \dfrac{\sigma^2}{n} = \dfrac{?}{25}\right)$

下限：$\overline{X} - Z \times \sqrt{\dfrac{?}{n}} = \overline{X} - t_{(n-1)} \times \sqrt{\dfrac{S^2}{n}} = 50 - 2.064 \times \sqrt{\dfrac{16}{25}} = 48.348$

上限：$\overline{X} + Z \times \sqrt{\dfrac{?}{n}} = \overline{X} + t_{(n-1)} \times \sqrt{\dfrac{S^2}{n}} = 50 + 2.064 \times \sqrt{\dfrac{16}{25}} = 51.651$

∵ $\sigma^2 = ?$

∴用 $S^2 = 16$ 代替，此時 Z 分配改 t 分配，查 t 分配表

∴ $1 - \alpha = 0.95 = 95\%$，μ 的 95% C.I 為 (48.348，51.651)

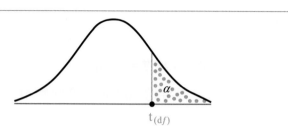

d.f.	$t_{0.1}$	$t_{0.05}$	$t_{0.025}$	$t_{0.010}$	$t_{0.005}$	d.f.
1	3.078	6.314	12.71	31.82	63.66	1
2	1.886	2.920	4.303	6.965	9.925	2
3	1.638	2.353	3.182	4.541	5.841	3
4	1.533	2.132	2.776	3.747	4.604	4
5	1.476	2.015	2.571	3.365	4.032	5
6	1.440	1.943	2.447	3.143	3.707	6
7	1.415	1.895	2.365	2.998	3.499	7
8	1.397	1.860	2.306	2.896	3.355	8
9	1.383	1.833	2.262	2.821	3.250	9
10	1.372	1.812	2.228	2.764	3.169	10
11	1.363	1.796	2.201	2.718	3.106	11
12	1.356	1.782	2.179	2.681	3.055	12
13	1.350	1.771	2.160	2.650	3.012	13
14	1.345	1.761	2.145	2.624	2.977	14
15	1.341	1.753	2.131	2.602	2.947	15
16	1.337	1.746	2.120	2.583	2.921	16
17	1.333	1.740	2.110	2.567	2.898	17
18	1.330	1.734	2.101	2.552	2.878	18
19	1.328	1.729	2.093	2.539	2.861	19
20	1.325	1.725	2.086	2.528	2.845	20
21	1.323	1.721	2.080	2.518	2.831	21
22	1.321	1.717	2.074	2.508	2.819	22
23	1.319	1.714	2.069	2.500	2.807	23
24	1.318	1.711	2.064	2.492	2.797	24
25	1.316	1.708	2.060	2.485	2.787	25
26	1.315	1.706	2.056	2.479	2.779	26
27	1.314	1.703	2.052	2.473	2.771	27
28	1.313	1.701	2.048	2.467	2.763	28
29	1.311	1.699	2.045	2.462	2.756	29
30	1.310	1.697	2.042	2.457	2.750	30
40	1.303	1.684	2.021	2.423	2.704	40
50	1.299	1.676	2.009	2.403	2.678	50
60	1.296	1.671	2.000	2.390	2.660	60
80	1.292	1.664	1.990	2.374	2.639	80
100	1.290	1.660	1.984	2.364	2.626	100
120	1.289	1.658	1.980	2.358	2.617	120
∞	1.282	1.645	1.960	2.326	2.576	∞

範例 12-6

花媽養孔雀展開尾巴呈常態，標準差 3cm。

欲知長度，抽 16 隻測量得平均 100cm，變異數 16cm²，以 $\alpha = 0.1$ 下，求 μ 的 C.I ？

(解) 令 r.v.X 為孔雀尾巴長度

∵ 求 μ 的信賴區間 ∴ 需找到 $\bar{X}$ ~

∵ $X \sim N\left(\mu = ?, \sigma^2 = 3^2\right)$

∴ $\bar{X} \sim N\left(\mu = ?, \dfrac{\sigma^2}{n} = \dfrac{3^2}{16}\right)$

下限：$\bar{X} - Z \times \sqrt{\dfrac{\sigma^2}{n}} = 100 - 1.645 \times \sqrt{\dfrac{3^2}{16}} = 98.766$

上限：$\bar{X} + Z \times \sqrt{\dfrac{\sigma^2}{n}} = 100 + 1.645 \times \sqrt{\dfrac{3^2}{16}} = 101.234$

∴ $1 - \alpha = 0.9 = 90\%$　孔雀尾巴長度 μ 的 C.I 為（98.766，101.234）

範例 12-7

花媽養的孔雀展開尾巴呈常態。

欲知長度，抽 16 隻測量得平均 100cm，變異數 16cm²，以 $\alpha = 0.1$，求 μ 的 C.I ？

(解) 令 r.v.X 為孔雀尾巴長度

∵ 求 μ 的信賴區間 ∴ 需找到 $\bar{X}$ ~

∵ $X \sim N\left(\mu = ?, \sigma^2 = ?\right)$

∴ $\bar{X} \sim N\left(\mu = ?, \dfrac{\sigma^2}{n} = \dfrac{?}{16}\right)$

下限：$\bar{X} - Z \times \sqrt{\dfrac{\sigma^2}{n}} = \bar{X} - t_{(n-1)} \times \sqrt{\dfrac{S^2}{n}} = 100 - 1.753 \times \sqrt{\dfrac{16}{16}} = 98.247$

上限：$\bar{X} + Z \times \sqrt{\dfrac{\sigma^2}{n}} = \bar{X} + t_{(n-1)} \times \sqrt{\dfrac{S^2}{n}} = 100 + 1.753 \times \sqrt{\dfrac{16}{16}} = 101.753$

$\because \sigma^2 = ?$ 用 $S^2 = 16$ 代替，此時 z 分配改 t 分配

$\therefore 1 - \alpha = 0.9 = 90\%$　孔雀尾巴長度 μ 的 C.I 為（98.247，101.753）

範例 12-8

花媽養的孔雀展開尾巴長度一無所知。

欲知長度，抽 36 隻測量得平均 100cm，變異數 16cm²，以 $\alpha = 0.1$，求 μ 的 C.I ？

解 令 r.v.X 為孔雀尾巴長度

　$\because$ 求 μ 的信賴區間　$\therefore$ 需找到 $\bar{X} \sim$

　$\because X \sim ? \left(\mu = ?, \sigma^2 = ? \right)$

　$\therefore \bar{X} \underset{n>30}{\overset{C.L.T}{\sim}} N \left(\mu = ?, \dfrac{\sigma^2}{n} = \dfrac{?}{36} \right)$

下限：$\bar{X} - Z \times \sqrt{\dfrac{?}{n}} = \bar{X} - t_{(n-1)} \times \sqrt{\dfrac{S^2}{n}} = 100 - 1.645 \times \sqrt{\dfrac{16}{36}} = 98.903$

上限：$\bar{X} + Z \times \sqrt{\dfrac{?}{n}} = \bar{X} + t_{(n-1)} \times \sqrt{\dfrac{S^2}{n}} = 100 + 1.645 \times \sqrt{\dfrac{16}{36}} = 101.096$

$\because \sigma^2 = ?$

$\therefore$ 用 $S^2 = 16$ 代替，此時 Z 分配改 t 分配，查 t 分配表

$\because n>30$，t 分配查表值又趨近於 Z 分配，t 表與 Z 表均可

$\therefore 1 - \alpha = 0.9 = 90\%$　孔雀尾巴長度 μ 的 C.I 為（98.903，101.096）

範例 12-9

花媽養的孔雀展開尾巴長度一無所知。

欲知長度，抽 16 隻測量得平均 100cm，變異數 16cm²，以 α =0.1，求 μ 的 C.I ？

解 令 r.v.X 為孔雀尾巴長度

∵求 μ 的信賴區間 ∴需找到 $\bar{X}$ ~

∵ $X \sim ?\left(\mu = ?, \sigma^2 = ?\right)$

∴ $\bar{X} \sim ?\left(\mu = ?, \dfrac{\sigma^2}{n} = \dfrac{?}{16}\right)$

∵ n<30 無法套用 C.L.T，$\bar{X} \sim ?$ 就無法套用抽樣分配

∴ 無解

範例 12-10

花媽養的孔雀展開尾巴長度。

欲知長度，抽 36 隻測量得平均 100cm，變異數 16cm²，以 α =0.1，求 μ 的 C.I ？

解 令 r.v.X 為孔雀尾巴長度

∵求 μ 的信賴區間 ∴需找到 $\bar{X}$ ~

∵ $X \sim ?\left(\mu = ?, \sigma^2 = 9\right)$

∴ $\bar{X} \underset{n>30}{\overset{C.L.T}{\sim}} N\left(\mu = ?, \dfrac{\sigma^2}{n} = \dfrac{9}{36}\right)$

下限：$\bar{X} - Z \times \sqrt{\dfrac{\sigma^2}{n}} = 100 - 1.645 \times \sqrt{\dfrac{3^2}{36}} = 99.178$

上限：$\bar{X} + Z \times \sqrt{\dfrac{\sigma^2}{n}} = 100 + 1.645 \times \sqrt{\dfrac{3^2}{36}} = 100.823$

∴ $1 - \alpha = 0.9 = 90\%$　孔雀尾巴長度 μ 的 C.I 為（99.178，100.823）

範例 12-11

小 PIZZA 平均重量未知，變異數 $100g^2$。

欲推估平均一個 PIZZA 有多重，隨機抽 10 個，得平均 500g，$S^2 = 80g^2$。以 $\alpha = 0.1$ 求 μ 的信賴區間？

解 令 *r.v.X* 為小 PIZZA 重量

∵求 μ 的信賴區間 ∴需找到 $\bar{X} \sim$

∵ $X \sim ?\left(\mu = ?, \sigma^2 = 100\right)$

∴ $\bar{X} \sim ?\left(\mu = ?, \dfrac{\sigma^2}{n} = \dfrac{100}{10}\right)$

∵ n<30 無法套用 C.L.T，$\bar{X} \sim ?$ 就無法套用抽樣分配

∴無解

範例 12-12

小 PIZZA 平均重量未知，變異數 $100g^2$。

欲推估平均一個 PIZZA 有多重，隨機抽 50 個，得平均 500g，$S^2 = 80g^2$。以 $\alpha = 0.05$ 求 μ 的信賴區間？

解 令 *r.v.X* 為小 PIZZA 重量

∵求 μ 的信賴區間 ∴需找到 $\bar{X} \sim$

∵ $X_i \sim ?\left(\mu = ?, \sigma^2 = 100\right)$

∴ $\underset{n>30}{\overset{C.L.T}{\bar{X} \sim N}}\left(\mu = ?, \dfrac{\sigma^2}{n} = \dfrac{100}{50}\right)$

μ 的 95% 為 ($\bar{X} - 1.95\dfrac{\sigma}{\sqrt{n}}, \bar{X} + 1.95\dfrac{\sigma}{\sqrt{n}}$)

$\qquad = (500 - 1.96\sqrt{2}, 500 + 1.96\sqrt{2})$

$\qquad = (497 \ , \ 503)$

範例 12-13

小 PIZZA 平均重量未知，變異數 $100g^2$。

欲推估平均一個 PIZZA 有多重，隨機抽 50 個，得平均 500g，$S^2 = 80g^2$。以 $\alpha = 0.01$ 求 μ 的信賴區間？

解 令 $r.v.X$ 為小 PIZZA 重量

$\because$ 求 μ 的信賴區間 $\therefore$ 需找到 $\bar{X} \sim$

$\because X_i \sim ?\left(\mu = ?, \sigma^2 = 100\right)$

$\therefore \underset{\substack{C.L.T \\ n>30}}{\bar{X} \sim} N\left(\mu = ?, \dfrac{\sigma^2}{n} = \dfrac{100}{50}\right)$

μ 的 99% 為 $\left(\bar{X} - 2.574 \dfrac{\sigma}{\sqrt{n}}, \bar{X} + 2.574 \dfrac{\sigma}{\sqrt{n}}\right)$

$= \left(500 - 2.574\sqrt{2}, 500 + 2.574\sqrt{2}\right)$

$= (496 \ , \ 504)$

範例 12-14

小 PIZZA 平均重量分佈為常態，變異數 $100g^2$。

欲推估平均一個 PIZZA 有多重，隨機抽 10 個，得平均 500g，$S^2 = 80g^2$。以 $\alpha = 0.1$ 求 μ 的信賴區間？

解 令 $r.v.X$ 為小 PIZZA 重量

$\because$ 求 μ 的信賴區間 $\therefore$ 需找到 $\bar{X} \sim$

$\because X_i \sim N\left(\mu = ?, \sigma^2 = 100\right)$

$\therefore \bar{X} \sim N\left(\mu = ?, \dfrac{\sigma^2}{n} = \dfrac{100}{10}\right)$

μ 的 90% $\left(\bar{X} - 1.645 \dfrac{\sigma}{\sqrt{n}}, \bar{X} + 1.645 \dfrac{\sigma}{\sqrt{n}}\right)$

$= \left(500 - 1.645\sqrt{10}, 500 + 1.645\sqrt{10}\right)$

$= (495 \ , \ 505)$

範例 12-15

小 PIZZA 平均重量分佈為常態。

隨機抽 10 個，得平均 $\bar{X} = 500g$，$S^2 = 90g^2$。以 $\alpha = 0.05$ 求 μ 的信賴區間？

解 令 *r.v.X* 為小 PIZZA 重量

∵求 μ 的信賴區間　∴需找到 $\bar{X} \sim$

∵ $X_i \sim N\left(\mu = ?, \sigma^2 = ?\right)$

∴ $\bar{X} \sim N\left(\mu = ?, \dfrac{\sigma^2}{n} = \dfrac{?}{10}\right)$

下限：$\bar{X} - Z \times \sqrt{\dfrac{\sigma^2 = ?}{n}} = \bar{X} - t_{(n-1)} \times \sqrt{\dfrac{S^2}{n}} = 500 - 2.262 \times \sqrt{\dfrac{90}{10}} = 493$

上限：$\bar{X} + Z \times \sqrt{\dfrac{\sigma^2 = ?}{n}} = \bar{X} + t_{(n-1)} \times \sqrt{\dfrac{S^2}{n}} = 500 + 2.262 \times \sqrt{\dfrac{90}{10}} = 507$

∵ $\sigma^2 = ?$ ∴用 $S^2 = 16$ 代替，此時 Z 分配改 t 分配

∴ $1 - \alpha = 0.95 = 95\%$　小 PIZZA 平均重量 μ 的 C.I 為（493，507）

μ 的信賴區間的重要概念：

1. μ 的最好估計式 $\bar{X}$，所以運用 $\bar{X}$ 抽樣分配三個重要定理。

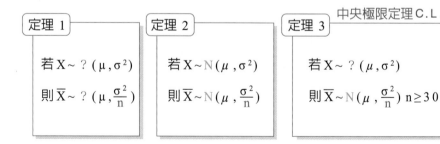

2. 若 $\sigma^2 = ?$ 則用 S^2 值代替，此時 Z 分配改 $t_{(n-1)}$ 分配。

3. 當 $n \geq 30$ 時，$t_{(n-1)}$ 值又接近 Z 值，查 Z 與 t 均可。

4. 熟悉上述三定理，所有題型均可迎刃而解，無需背誦。所有題型歸納如下，僅供參考。

母體分佈	母體變異數	樣本大小	公式
常態	有	大	$C.I = \overline{X} \pm Z \times \sqrt{\dfrac{\sigma^2}{n}}$
常態	無	大	$C.I = \overline{X} \pm t\,(\text{或}z) \times \sqrt{\dfrac{s^2}{n}}$
常態	有	小	$C.I = \overline{X} \pm Z \times \sqrt{\dfrac{\sigma^2}{n}}$
常態	無	小	$C.I = \overline{X} \pm t_{(n-1)} \times \sqrt{\dfrac{s^2}{n}}$
未知	有	大	$C.I = \overline{X} \pm Z \times \sqrt{\dfrac{\sigma^2}{n}}$
未知	無	大	$C.I = \overline{X} \pm t\,(\text{或}z) \times \sqrt{\dfrac{s^2}{n}}$
未知	有	小	無解
未知	無	小	無解

5. 上表中出現易搞混的三個統計名詞，再次說明如下：

(1) S^2 ：樣本的標準差（Standard Deviation of <u>Sample</u>）

(2) $\sqrt{\dfrac{\sigma^2}{n}}$：樣本平均值的「標準差」（Standard Deviation of <u>Sample Mean</u>），記為 $SD_{\overline{X}}$

(3) $\sqrt{\dfrac{S^2}{n}}$：樣本平均值的「標準誤」（Standard Error of <u>Sample Mean</u>），記為 $SE_{\overline{X}}$

四 估算樣本大小

μ 信賴區間為 $\bar{X} \pm zSD_{\bar{X}}$ 或 $\bar{X} \pm tSE_{\bar{X}}$，其中 $\pm zSD_{\bar{X}}$ 或 $\pm tSE_{\bar{X}}$ 即所謂誤差 (d)。運用 $d = zSD_{\bar{X}}$ 或 $d = tSE_{\bar{X}}$，即可估算樣本大小。

$$\because d = zSD_{\bar{X}}$$

$$d = Z \times \sqrt{\frac{\sigma^2}{n}}$$

$$d^2 = Z^2 \times \frac{\sigma^2}{n}$$

$$\therefore n = \frac{Z^2\sigma^2}{d^2}$$

或　　$\because d = tSE_{\bar{X}}$

$$d = t_{(n-1)} \times \sqrt{\frac{s^2}{n}}$$

$$d^2 = t^2 \times \frac{S^2}{n}$$

$$\therefore n = \frac{t^2S^2}{d^2}$$

範例 12-16

大螺絲長度目標值為 45-48cm，標準差 3cm，誤差有 99% 在 2cm 內，應抽多少樣本？

解 $\because$ 已知 $\sigma = 3$

$$\therefore n = \frac{Z^2\sigma^2}{d^2} = \frac{2.574^2 \times 3^2}{2^2} = 14.91 \approx 15$$

一、是非題

( ) 1. 樣本統計量 $\overline{X}$ 是母體平均數 μ 的最佳估計式。

( ) 2. 信心水準愈高，信賴區間愈大。

( ) 3. 若 $\alpha = 0.05$ 則具 95% 信心水準。

( ) 4. 具 99% 信心水準指：估計母體參數有 99% 機率會落在信賴區間範圍內。

( ) 5. 假設常態母體平均值 μ 的信賴區間為 $\overline{X} \pm 1.645\sigma / \sqrt{n}$，則其信賴水準為 90%。

( ) 6. 母體平均值 μ 的信賴區間，其區間的中心點為 $\overline{X}$。

( ) 7. 隨機抽取 49 個樣本，得其樣本平均值及標準差分別為 30 和 21，則母體平均值 95% 信賴區間的上限值約為 34.935。

二、選擇題　(*為複選題)

( ) 1. COVID19 疫情之消費者行為研究，隨機抽取 16 位消費者，其每月平均上網購物金額為 4,500 元，標準差為 1,000 元。已知上網購物金額為常態分配，則根據上述資料，所有消費者每月平均上網購物金額之 95% 區間估計值為何？　(A) (3967.25，5032.75)　(B) (3135.25，4927.75)　(C) (2967.25，5691.75)　(D) (2951.25，4192.75)。

( ) 2. 自同一母體分配進行四次抽樣，每次抽樣的樣本數不同。在相同的信賴水準之下，以面哪個信賴區間之樣本數最多？　(A) (72, 122)　(B) (90, 120)　(C) (92, 112)　(D) (95, 105)。

( ) 3. 隨機從常態母體中抽取 16 個樣本，得其樣本平均值及標準差為 8 和 9，則母體平均值 90% 信賴區間為？

df	$t_{0.1}$	$t_{0.05}$	$T_{0.01}$
15	1.341	1.753	2.602
16	1.337	1.746	2.583

(A) (4.06, 11.94)　(B) (4.98, 11.02)　(C) (2.15, 13.85)　(D) (2.19, 13.81)。

( ) 4. 樣本平均數之標準誤具有下列哪一個特質？ (A) 樣本數越大，標準誤越小 (B) 樣本數越大，標準誤越大 (C) 母體變異數越大，標準誤越小 (D) 樣本變異數越大，標準誤越小。

( ) 5. 下列有關母體平均值信賴區間之寬度，何者正確？ (A) 樣本數為 49 比樣本數為 36 還要寬 (B) 99% 的信賴區間比 95% 的信賴區間寬 (C) 不受樣本數之影響 (D) 不受母體變異數大小之影響。

*( ) 6. 母體平均值信賴區間之寬 (長) 度，受那些因素的影響？ (A) 樣本大小 (B) 信賴水準 (C) 母體平均值之大小 (D) 母體標準差 (E) 樣本平均值之大小。

三、計算題

1. 芳榮米廠生產 5 公斤裝的香米，重量為常態分配，母體平均數未知，標準差為 0.2 公斤。欲估計母體平均數，在 95% 信賴水準下並使估計誤差不超過 0.08 公斤，至少應抽多少包香米來秤重？

2. 對恩典電冰箱壽命僅知母體變異數 25 月^2。故隨機抽取 36 台電冰箱，得平均壽命為 66 月，變異數 49 月^2。以 $\alpha = 0.01$ 求算電冰箱平均壽命之信賴區間？

3. 對恩典電冰箱壽命一無所知。故隨機抽取 36 台電冰箱，平均壽命為 66 月，變異數 49 月^2。以 $\alpha = 0.01$ 求算電冰箱平均壽命之信賴區間？

NOTE

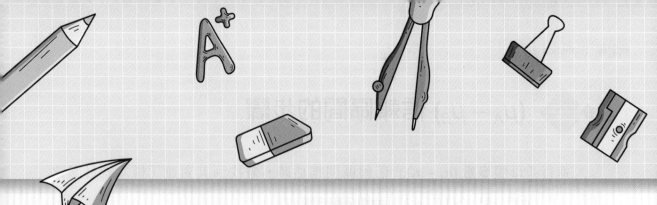

兩個母體平均數 $(\mu_A - \mu_B)$ 的信賴區間

一、$(\mu_A - \mu_B)$ 信賴區間的步驟

二、$(\mu_A - \mu_B)$ 的範例

一 $(\mu_A - \mu_B)$ 信賴區間的步驟

進行「母體參數 $(\mu_A - \mu_B)$」信賴區間推估時，需找到其對應「樣本統計量之 $(\bar{X}_A - \bar{X}_B)$ 抽樣分配」，$(\bar{X}_A - \bar{X}_B)$ 抽樣分配步驟如下：

STEP 1 ▶ 先分別用下面三定理分別判斷 $\bar{X}_A \sim$ 與 $\bar{X}_B \sim$

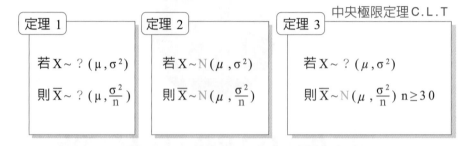

中央極限定理 C.L.T

定理 1

若 $X \sim ? (\mu, \sigma^2)$

則 $\bar{X} \sim ? (\mu, \frac{\sigma^2}{n})$

定理 2

若 $X \sim N(\mu, \sigma^2)$

則 $\bar{X} \sim N(\mu, \frac{\sigma^2}{n})$

定理 3

若 $X \sim ? (\mu, \sigma^2)$

則 $\bar{X} \sim N(\mu, \frac{\sigma^2}{n})$ $n \geq 30$

STEP 2 ▶ 再運用常態分配具加法。$\sim N(E, V)$

STEP 3 ▶ 求算 $E(\bar{X}_A - \bar{X}_B)$ 與 $V(\bar{X}_A - \bar{X}_B)$

$$E(aX \pm bY) = aE(X) \pm bE(Y)$$

$$V(aX \pm bY) = a^2 V(X) + b^2 V(Y) \quad 當\ X\ 與\ Y\ 獨立\ COV(X,Y) = 0$$

STEP 4 ▶ $(\bar{X}_A - \bar{X}_B) \sim N((E(\bar{X}_A - \bar{X}_B), V(\bar{X}_A - \bar{X}_B)))$，即可進行推估

 二 $(\mu_A - \mu_B)$ 的範例

範例 13-1

胖青蛙跳遠距離呈常態，標準差 3cm；瘦青蛙跳遠距離呈常態，變異數 $4\ cm^2$。

欲知胖瘦跳遠距離差距 $(\mu_A - \mu_B)$，故抽 A：胖青蛙 $n_A = 10, \bar{X}_A = 20cm, S_A^2 = 8cm^2$；

B：瘦青蛙 $n_B = 18, \bar{X}_B = 30cm, S_B^2 = 6cm^2$。以 $\alpha = 0.1$ 求 $\mu_A - \mu_B$ 的 C.I？

解 令 *r.v.* X_A 為胖青蛙的跳遠距離

$r.v.$ X_B 為瘦青蛙的跳遠距離

$\because$ 求 $\mu_A - \mu_B$ 的信賴區間 $\qquad \therefore$ 需找到 $\left(\overline{X}_A - \overline{X}_B \right) \sim$

先分別用下面三定理分別判斷 $\overline{\mathrm{X}}_A \sim$ 與 $\overline{\mathrm{X}}_B \sim$

$$X_A \sim N\left(\mu_A = ?, \sigma_A^2 = 3^2 \right) \qquad X_B \sim N\left(\mu_B = ?, \sigma_B^2 = 4 \right)$$

$$\overline{X}_A \sim N\left(\mu_A = ?, \frac{\sigma_A^2}{n_A} = \frac{9}{10} \right) \qquad \overline{X}_B \sim N\left(\mu_B = ?, \frac{\sigma_B^2}{n_B} = \frac{4}{18} \right)$$

再運用常態分配具加法，得

$$\left(\overline{\mathrm{X}}_A - \overline{\mathrm{X}}_B \right) \sim N\left(\mu_A - \mu_B, \frac{\sigma_A^2}{n_A} + \frac{\sigma_B^2}{n_B} \right)$$

$$\sim N\left(\mu_A - \mu_B, \frac{9}{10} + \frac{4}{18} \right)$$

下限：$\left(\overline{\mathrm{X}}_A - \overline{\mathrm{X}}_B \right) - Z \times \sqrt{\frac{\sigma_A^2}{n_A} + \frac{\sigma_B^2}{n_B}} = (20 - 30) - 1.645\sqrt{\frac{9}{10} + \frac{4}{18}} = -11.743$

上限：$\left(\overline{\mathrm{X}}_A - \overline{\mathrm{X}}_B \right) + Z \times \sqrt{\frac{\sigma_A^2}{n_A} + \frac{\sigma_B^2}{n_B}} = (20 - 30) + 1.645\sqrt{\frac{9}{10} + \frac{4}{18}} = -8.257$

$\because 1 - \alpha = 0.9 = 90\%$ $\therefore \mu_A - \mu_B$ 的 90% C.I. 為（-11.743，-8.157）

故胖青蛙跳遠距離比瘦青蛙跳遠距離短。

小秘笈 秘

信賴區間均負值（$-$，$-$），表示 $\mu_A < \mu_B$。

信賴區間均正值（$+$，$+$），表示 $\mu_A > \mu_B$。

信賴區間一負一正（$-$，$+$），表示 $\mu_A \approx \mu_B$。

PART 4 推估篇

範例 13-2

胖青蛙跳遠距離呈常態，瘦青蛙跳遠距離呈常態，且 $\sigma_A^2 \neq \sigma_B^2$；欲知胖瘦跳遠距離差距離 $(\mu_A - \mu_B)$，故抽 A：胖青蛙 $n_A = 10, \bar{X}_A = 20cm, S_A^2 = 8cm^2$；B：瘦青蛙 $n_B = 18, \bar{X}_B = 30cm, S_B^2 = 6cm^2$。以 $\alpha = 0.1$ 求 $\mu_A - \mu_B$ 的 C.I.？

解 令 $r.v.$ X_A 為胖青蛙的跳遠距離

$r.v.$ X_B 為瘦青蛙的跳遠距離

∵求 $\mu_A - \mu_B$ 的信賴區間 ∴需找到 $(\bar{X}_A - \bar{X}_B) \sim$

先分別用下面三定理分別判斷 $\bar{X}_A \sim$ 與 $\bar{X}_B \sim$

$$X_A \sim N\left(\mu_A = ?, \sigma_A^2 = ?\right) \qquad X_B \sim N\left(\mu_B = ?, \sigma_B^2 = ?\right)$$

$$\bar{X}_A \sim N\left(\mu_A = ?, \frac{\sigma_A^2}{n_A} = \frac{?}{10}\right) \qquad \bar{X}_B \sim N\left(\mu_B = ?, \frac{\sigma_B^2}{n_B} = \frac{?}{18}\right)$$

再運用常態分配具加法，得

$$\left(\bar{X}_A - \bar{X}_B\right) \sim N\left(\mu_A - \mu_B, \frac{\sigma_A^2}{n_A} + \frac{\sigma_B^2}{n_B}\right)$$

$$\sim N\left(\mu_A - \mu_B, \frac{?}{10} + \frac{?}{18}\right)$$

下限：$\left(\bar{X}_A - \bar{X}_B\right) - Z \times \sqrt{\dfrac{\sigma_A^2 = ?}{n_A} + \dfrac{\sigma_B^2 = ?}{n_B}} = \left(\bar{X}_A - \bar{X}_B\right) - t_{(n_A + n_B - 2)} \times \sqrt{\dfrac{s_A^2}{n_A} + \dfrac{s_B^2}{n_B}}$

$$= (20 - 30) - 1.706\sqrt{\frac{8}{10} + \frac{6}{18}} = -11.816$$

上限：$\left(\bar{X}_A - \bar{X}_B\right) + Z \times \sqrt{\dfrac{\sigma_A^2 = ?}{n_A} + \dfrac{\sigma_B^2 = ?}{n_B}} = \left(\bar{X}_A - \bar{X}_B\right) + t_{(n_A + n_B - 2)} \times \sqrt{\dfrac{s_A^2}{n_A} + \dfrac{s_B^2}{n_B}}$

$$= (20 - 30) + 1.706\sqrt{\frac{8}{10} + \frac{6}{18}} = -8.184$$

∵ $1 - \alpha = 0.9 = 90\%$ ∴ $\mu_A - \mu_B$ 的 90% C.I. 為 $(-11.816, -8.184)$

∵信賴區間均負值（－，－），表示 $\mu_A < \mu_B$ ∴胖青蛙跳遠距離比瘦青蛙跳遠距離短。

範例 13-3

胖青蛙跳遠距離與瘦青蛙跳遠距離均一無所知，僅知 $\sigma_A^2 \neq \sigma_B^2$。欲知胖瘦青蛙跳遠距離差距離（$\mu_A - \mu_B$），故抽 A：胖青蛙 $n_A = 36, \bar{X}_A = 20cm, S_A^2 = 8cm^2$；B：瘦青蛙 $n_B = 36, \bar{X}_B = 30cm, S_B^2 = 6cm^2$。以 $\alpha = 0.1$ 求 $\mu_A - \mu_B$ 的 C.I.？

解 令 r.v. X_A 為胖青蛙的跳遠距離

r.v. X_B 為瘦青蛙的跳遠距離

$\because$ 求 $\mu_A - \mu_B$ 的信賴區間　$\therefore$ 需找到 $(\bar{X}_A - \bar{X}_B) \sim$

先分別用下面三定理分別判斷 $\bar{X}_A \sim$ 與 $\bar{X}_B \sim$

$$X_A \sim ?\left(\mu_A = ?, \sigma_A^2 = ?\right) \qquad X_B \sim ?\left(\mu_B = ?, \sigma_B^2 = ?\right)$$

$$\bar{X}_A \underset{n \geq 30}{\overset{C.L.T}{\sim}} N\left(\mu_A = ?, \frac{\sigma_A^2}{n_A} = \frac{?}{36}\right) \qquad \bar{X}_B \underset{n \geq 30}{\overset{C.L.T}{\sim}} N\left(\mu_B = ?, \frac{\sigma_B^2}{n_B} = \frac{?}{36}\right)$$

再運用常態分配具加法，得

$$(\bar{X}_A - \bar{X}_B) \sim N\left(\mu_A - \mu_B, \frac{\sigma_A^2}{n_A} + \frac{\sigma_B^2}{n_B}\right)$$

$$\sim N\left(\mu_A - \mu_B, \frac{?}{36} + \frac{?}{36}\right)$$

下限：$(\bar{X}_A - \bar{X}_B) - Z \times \sqrt{\frac{\sigma_A^2 = ?}{n_A} + \frac{\sigma_B^2 = ?}{n_B}} = (\bar{X}_A - \bar{X}_B) - t_{(n_A + n_B - 2)} \times \sqrt{\frac{s_A^2}{n_A} + \frac{s_B^2}{n_B}}$

$$= (20 - 30) - 1.645\sqrt{\frac{8}{36} + \frac{6}{36}} = -11.026$$

上限：$(\bar{X}_A - \bar{X}_B) + Z \times \sqrt{\frac{\sigma_A^2 = ?}{n_A} + \frac{\sigma_B^2 = ?}{n_B}} = (\bar{X}_A - \bar{X}_B) + t_{(n_A + n_B - 2)} \times \sqrt{\frac{s_A^2}{n_A} + \frac{s_B^2}{n_B}}$

$$= (20 - 30) + 1.645\sqrt{\frac{8}{36} + \frac{6}{36}} = -8.974$$

$\because 1 - \alpha = 0.9 = 90\%$　$\therefore \mu_A - \mu_B$ 的 90% C.I. 為（-11.026，-8.974）

$\because$ 信賴區間均負值（$-$，$-$），表示 $\mu_A < \mu_B$　$\therefore$ 胖青蛙跳遠距離比瘦青蛙跳遠距離短。

範例 13-4

A 班成績為常態，μ_A 未知，$\sigma_A^2 = 100$；B 班成績為常態，μ_B 未知，$\sigma_B^2 = 50$。欲求 $\mu_A - \mu_B$ 有多大？隨機抽 $n_A = 10, \overline{X}_A = 80, S_A^2 = 90$　$n_B = 10, \overline{X}_B = 60, S_B^2 = 60$。以 $\alpha = 0.05$ 求 $\mu_A - \mu_B$ 的 C.I.？

解 令 r.v. X_A 為 A 班成績

r.v. X_B 為 B 班成績

∵求 $\mu_A - \mu_B$ 的信賴區間　　∴需找到 $\left(\overline{X}_A - \overline{X}_B \right) \sim$

先分別用下面三定理分別判斷 $\overline{X}_A \sim$ 與 $\overline{X}_B \sim$

$$X_A \sim N\left(\mu_A = ?, \sigma_A^2 = 100 \right) \qquad X_B \sim N\left(\mu_B = ?, \sigma_B^2 = 50 \right)$$

$$\overline{X}_A \sim N\left(\mu_A = ?, \frac{\sigma_A^2}{n_A} = \frac{100}{10} \right) \qquad \overline{X}_B \sim N\left(\mu_B = ?, \frac{\sigma_B^2}{n_B} = \frac{50}{10} \right)$$

再運用常態分配具加法，得

$$\left(\overline{X}_A - \overline{X}_B \right) \sim N\left(\mu_A - \mu_B, \frac{\sigma_A^2}{n_A} + \frac{\sigma_B^2}{n_B} \right)$$

$$\sim N\left(\mu_A - \mu_B, \frac{100}{10} + \frac{50}{10} \right)$$

下限：$\left(\overline{X}_A - \overline{X}_B \right) - Z \times \sqrt{\frac{\sigma_A^2}{n_A} + \frac{\sigma_B^2}{n_B}} = (80 - 60) - 1.96\sqrt{\frac{100}{10} + \frac{50}{10}} = 12.409$

上限：$\left(\overline{X}_A - \overline{X}_B \right) + Z \times \sqrt{\frac{\sigma_A^2}{n_A} + \frac{\sigma_B^2}{n_B}} = (80 - 60) + 1.96\sqrt{\frac{100}{10} + \frac{50}{10}} = 27.591$

∵$1 - \alpha = 0.95 = 95\%$　∴$\mu_A - \mu_B$ 的 95% C.I. 為 $(12.409, 27.591)$

A 班成績明顯高於 B 班成績，成績差距 95% C.I. 為 $(12.409 , 27.591)$

小秘笈 秘

信賴區間均正值（＋，＋），表示 $\mu_A > \mu_B$

範例 13-5

A 為富士蘋果，$\mu_A = ?\,\sigma_A^2 = ?$；B 為梨山蘋果，$\mu_B = ?\,\sigma_B^2 = ?$，僅知 $\sigma_A^2 \neq \sigma_B^2$。欲推估 $\mu_A - \mu_B$？

隨機抽 $n_A = 50$、$\bar{X}_A = 250g$、$S_A^2 = 30g^2$；$n_B = 32$、$\bar{X}_B = 400g$、$S_B^2 = 20g^2$。以 $\alpha = 0.01$ 推估的 $\mu_A - \mu_B$ C.I？

解 令 r.v. X_A 為富士蘋果重

r.v. X_B 為梨山蘋果重

$\because$ 求 $\mu_A - \mu_B$ 的信賴區間　　$\therefore$ 需找到 $(\bar{X}_A - \bar{X}_B) \sim$

先分別用下面三定理分別判斷 $\bar{X}_A \sim$ 與 $X_B \sim$

$$X_A \sim \left(\mu_A = ?, \sigma_A^2 = ?\right) \qquad X_B \sim \left(\mu_B = ?, \sigma_B^2 = ?\right)$$

$$\bar{X}_A \underset{n \geq 30}{\overset{C.L.T}{\sim}} N\left(\mu_A = ?, \frac{\sigma_A^2}{n_A} = \frac{?}{50}\right) \qquad \bar{X}_B \underset{n \geq 30}{\overset{C.L.T}{\sim}} N\left(\mu_B = ?, \frac{\sigma_B^2}{n_B} = \frac{?}{32}\right)$$

再運用常態分配具加法，得

$$\left(\bar{X}_A - \bar{X}_B\right) \sim N\left(\mu_A - \mu_B, \frac{\sigma_A^2}{n_A} + \frac{\sigma_B^2}{n_B}\right)$$

$$\sim N\left(\mu_A - \mu_B, \frac{?}{50} + \frac{?}{32}\right)$$

下限：$\left(\bar{X}_A - \bar{X}_B\right) - Z \times \sqrt{\dfrac{\sigma_A^2 = ?}{n_A} + \dfrac{\sigma_B^2 = ?}{n_B}} = \left(\bar{X}_A - \bar{X}_B\right) - t_{(n_A + n_B - 2)} \times \sqrt{\dfrac{s_A^2}{n_A} + \dfrac{s_B^2}{n_B}}$

$$= \left(250 - 400\right) - 2.574\sqrt{\frac{30}{50} + \frac{20}{32}} = -152.849g$$

上限：$\left(\bar{X}_A - \bar{X}_B\right) + Z \times \sqrt{\dfrac{\sigma_A^2 = ?}{n_A} + \dfrac{\sigma_B^2 = ?}{n_B}} = \left(\bar{X}_A - \bar{X}_B\right) + t_{(n_A + n_B - 2)} \times \sqrt{\dfrac{s_A^2}{n_A} + \dfrac{s_B^2}{n_B}}$

$$= \left(250 - 400\right) + 2.574\sqrt{\frac{30}{50} + \frac{20}{32}} = -147.151g$$

$\because 1 - \alpha = 0.99 = 99\%$　$\therefore \mu_A - \mu_B$ 的 99% C.I. 為 $(-152.849, -147.151)$

富士蘋果重量確實比梨山蘋果輕

小秘笈 秘

信賴區間均負值 (− , −)，表示 $\mu_A < \mu_B$

範例 13-6

A 為富士蘋果，$\mu_A = ? \sigma_A^2 = 33$；B 為梨山蘋果，$\mu_B = ? \sigma_B^2 = 25$。

欲推估 $\mu_A - \mu_B$ 隨機抽 $n_A = 15$、$\bar{X}_A = 250$、$S_A^2 = 30$；$n_B = 20$、$\bar{X}_B = 400$、$S_B^2 = 25$。
以 $\alpha = 0.01$ 推估 $\mu_A - \mu_B$ 的 C.I ?

 令 r.v. X_A 為富士蘋果重

r.v. X_B 為梨山蘋果重

∵求 $\mu_A - \mu_B$ 的信賴區間　　∴需找到 $(\bar{X}_A - \bar{X}_B) \sim$

先分別用下面三定理分別判斷 $\bar{X}_A \sim$ 與 $\bar{X}_B \sim$

$X_A \sim ? \left(\mu_A = ?, \sigma_A^2 = 33 \right)$　　　　$X_B \sim ? \left(\mu_B = ?, \sigma_B^2 = 25 \right)$

$\bar{X}_A \sim ? \left(\mu_A = ?, \dfrac{\sigma_A^2}{n_A} = \dfrac{33}{15} \right)$　　　$\bar{X}_B \sim ? \left(\mu_B = ?, \dfrac{\sigma_B^2}{n_B} = \dfrac{25}{20} \right)$

∵ $n_A = 15 < 30$ 無法套用 C.L.T，$\bar{X}_A \sim ?$；又 $n_B = 20 < 30$ 無法套用 C.L.T，$\bar{X}_B \sim ?$

∴ $(\bar{X}_A - \bar{X}_B) \sim ?$　　無解

一、是非題

(　　) 1. 進行 $(\mu_A - \mu_B)$ 信賴區間推估時，需知 $(\bar{X}_A - \bar{X}_B)$ 的抽樣分配。

(　　) 2. 若 $\bar{X}_A$ 與 $\bar{X}_B$ 皆為常態分配，則 $(\bar{X}_A - \bar{X}_B)$ 必為常態分配。

(　　) 3. $(\bar{X}_A - \bar{X}_B)$ 的抽樣分配的期望值為 $\mu_A - \mu_B$。

(　　) 4. $(\bar{X}_A - \bar{X}_B)$ 的抽樣分配的變異數為 $\dfrac{\sigma_A^2}{n_A} + \dfrac{\sigma_B^2}{n_B}$。

(　　) 5. 從兩母體隨機抽取樣本，不管樣本數大小，$(\bar{X}_A - \bar{X}_B)$ 必為常態分配。

二、選擇題

(　　) 1. 比較 A, B 兩公司的平均薪資（如下表），則母體平均值差 $\mu_A - \mu_B$ 的點估計值為何？

公司	母體平均數	樣本數	樣本平均數	樣本標準差
A	μ_A	49	32000	700
B	μ_B	36	31100	600

(A) 13　(B) 900　(C) 100　(D) 650。

(　　) 2. 比較 A, B 兩公司的平均薪資（如下表），則樣本平均值差 $\bar{X}_A - \bar{X}_B$ 的標準差為何？

公司	母體平均數	樣本數	樣本平均數	樣本標準差
A	μ_A	49	32000	700
B	μ_B	36	31100	600

(A) 700　(B) 600　(C) 141　(D) 650。

(　　) 3. 比較 A, B 兩公司的平均薪資（如下表），則母體平均值差 $\mu_A - \mu_B$ 的 95% 信賴區間為何？

公司	母體平均數	樣本數	樣本平均數	樣本標準差
A	μ_A	49	32000	700
B	μ_B	36	31100	600

(A) 900±1.96*650　　(B) 900±1.645*141

(C) 900±1.645*650　　(D) 900±1.96*141。

三、計算題

1. 欲知「奇異洗衣機平均壽命 (μ_A)」與「恩典洗衣機平均壽命 (μ_B)」之差距。

   故隨機抽取 36 台奇異洗衣機，得平均壽命為 88 月，變異數 16 月^2。

   故隨機抽取 36 台恩典洗衣機，得平均壽命為 66 月，變異數 25 月^2。

   (1) 假設 $\sigma_A^2 \neq \sigma_B^2$ 請以 $\alpha = 0.01$ 求算 $(\mu_A - \mu_B)$ 壽命之信賴區間。

   (2) 假設 $\sigma_A^2 = \sigma_B^2$ 請以 $\alpha = 0.01$ 求算 $(\mu_A - \mu_B)$ 壽命之信賴區間。

   此時可用 $S_{pool}^2 = \dfrac{(n_A-1)S_A^2 + (n_B-1)S_B^2}{n_A + n_B - 2}$ 代入 σ_A^2 與 σ_B^2

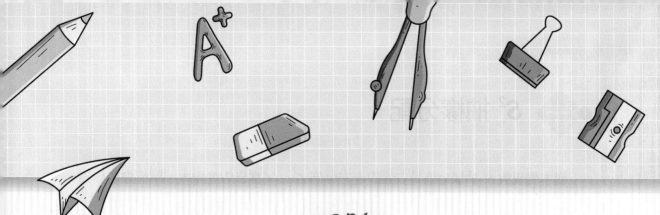

Chapter

14

單一母體變異數 σ^2 的信賴區間

一、S^2 抽樣分配

二、σ^2 的信賴區間

◆一 S^2 抽樣分配

樣本變異數 S^2 抽樣分佈是右偏的卡方分佈 $\chi^2_{(n-1)}$，當自由度愈大，圖形愈趨於對稱。

$r.v.S^2 \sim ?$

若 $X_1, X_2, \ldots, X_n \overset{iid}{\sim} N(\mu, \sigma^2)$，$\sigma^2$ 未知，

則 $\dfrac{(n-1)S^2}{\sigma^2} \sim \chi^2_{(n-1)}$

即隨機樣本 $X_1, X_2, \ldots, X_n$ 來自母體 $N(\mu, \sigma^2)$，則 $\dfrac{(n-1)S^2}{\sigma^2}$ 自由度 n-1 之卡方分配。

◆二 σ^2 的信賴區間

進行「單一變異數 σ^2」信賴區間推估時，需找到其對應「樣本變異數 S^2 抽樣分佈」。沒有此抽樣分配，但前面乘以（n-1），分母除以 σ^2，則為 $\chi^2_{(n-1)}$。

$\dfrac{(n-1)S^2}{\sigma^2}$ 自由度 n-1 之卡方分配

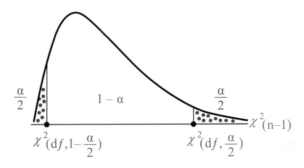

範例 14-1

蘋果重量為常態分佈，重量變化大小不知。欲進行 σ^2 信賴區間推估，故抽 10 顆，得 $S^2 = 33$，以 $\alpha = 0.05$ 推估之。

解 令 $r.v.S^2$ 為富士蘋果重量樣本變異數

$r.v.S^2 \sim ?$

小秘笈 秘

沒有 S^2 抽樣分配，但前面乘以 (n-1)，分母除以 σ^2，則為 $\chi^2_{(n-1)}$。

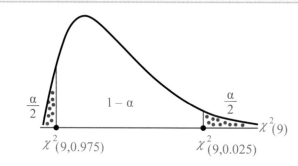

$$\therefore \frac{(n-1)S^2}{\sigma^2} = \chi^2_{(n-1)} = \chi^2_{(9)}$$

$$P(\text{下限} \leq \chi^2_{(9)} \leq \text{上限}) = 0.95$$

$$P(\chi^2_{(9,0.975)} \leq \chi^2_{(9)} \leq \chi^2_{(9,0.025)}) = 0.95$$

$$P(2.70 \leq \chi^2_{(9)} \leq 19.02) = 0.95$$

$$P(2.70 \leq \frac{(10-1)\times 33}{\sigma^2} \leq 19.02) = 0.95$$

$$P(\frac{1}{2.7} \geq \frac{\sigma^2}{9\times 33} \geq \frac{1}{19.02}) = 0.95 \qquad \text{上下顛倒，大小符號相反}$$

$$P(\frac{1}{19.02} \leq \frac{\sigma^2}{9\times 33} \leq \frac{1}{2.7}) = 0.95$$

PART 4 推估篇

$$P(\frac{9 \times 33}{19.02} \leq \sigma^2 \leq \frac{9 \times 33}{2.7}) = 0.95$$

$$P(15.615 \leq \sigma^2 \leq 110) = 0.95$$

∴蘋果重量 σ^2，在 95% 信心水準的 CI 為 (15.615 , 110)

利用範例 14-1 反推 σ^2 在 $(1-\alpha)$ 信心水準下的 CI

$$下限 = 15.615 = \frac{9 \times 33}{19.02} = \frac{(10-1) \times S^2}{\chi^2_{(9,0.025)}} = \frac{(n-1) \times S^2}{\chi^2_{\left(df, \frac{\alpha}{2}\right)}}$$

$$上限 = 110 = \frac{9 \times 33}{2.7} = \frac{(10-1) \times S^2}{\chi^2_{(9,0.975)}} = \frac{(n-1) \times S^2}{\chi^2_{\left(df, 1-\frac{\alpha}{2}\right)}}$$

$$\therefore \sigma^2 在 (1-\alpha) 信心水準下的 C.I. : \left(\frac{(n-1) \times S^2}{\chi^2_{\left(df, \frac{\alpha}{2}\right)}} , \frac{(n-1) \times S^2}{\chi^2_{\left(df, 1-\frac{\alpha}{2}\right)}} \right)$$

範例 14-2

青蛙跳遠距離為常態分佈，但遠近變化不一。欲知其變化大小，故測試 20 次，得 $\bar{X} = 33cm$, $S=3cm$，以 $\alpha =0.05$。在 99% 信心水準下，求 σ^2 的 C.I. ？

解 令 $r.v.S^2$ 為青蛙跳遠距離樣本變異數

$$r.v.S^2 \sim ?$$

 **小秘笈** 秘

沒有此抽樣分配，但前面乘以 (n-1)，分母除以 σ^2，則為 $\chi^2_{(n-1)}$。

$$\therefore \frac{(n-1)S^2}{\sigma^2} = \chi^2_{(n-1)} = \chi^2_{(19)}$$

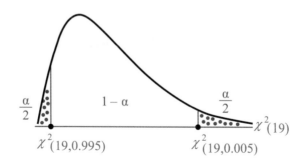

$\chi^2_{(19,0.995)}$　　　　　　　$\chi^2_{(19,0.005)}$

P(下限 $\leq \chi^2_{(19)} \leq$ 上限) = 0.99

P($\chi^2_{(19,0.995)} \leq \chi^2_{(19)} \leq \chi^2_{(19,0.005)}$) = 0.99

P($6.844 \leq \chi^2_{(19)} \leq 38.582$) = 0.99

P($6.844 \leq \dfrac{(20-1) \times 3^2}{\sigma^2} \leq 38.582$) = 0.99

P($\dfrac{1}{6.844} \geq \dfrac{\sigma^2}{(20-1) \times 3^2} \geq \dfrac{1}{38.582}$) = 0.99　　　上下顛倒，大小符號相反

P($\dfrac{1}{38.582} \leq \dfrac{\sigma^2}{19 \times 9} \leq \dfrac{1}{6.844}$) = 0.99

P($\dfrac{19 \times 9}{38.582} \leq \sigma^2 \leq \dfrac{19 \times 9}{6.844}$) = 0.99

P($4.432 \leq \sigma^2 \leq 24.985$) = 0.99

$\therefore$ 青蛙跳遠 σ^2，在 95% 信心水準下的 CI 為 (4.432 , 24.985)

範例 14-3

小丸子三年四班同學體重差異大小，抽 11 位，得 $\bar{X} = 45$ kg，$S^2 = 5$ kg^2。在 90% 信心水準下，求 σ^2 的 C.I. ?

解　令 $r.v.S^2$ 為三年四班同學體重變異數

$r.v.S^2 \sim$?

沒有此抽樣分配，但前面乘以 (n-1)，分母除以 σ^2，則為 $\chi^2_{(n-1)}$。

$$\therefore \frac{(n-1)S^2}{\sigma^2} = \chi^2_{(n-1)} = \chi^2_{(10)}$$

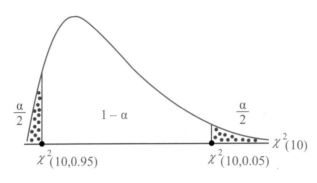

P(下限 $\leq \chi^2_{(10)} \leq$ 上限) = 0.90

P($\chi^2_{(19,0.95)} \leq \chi^2_{(10)} \leq \chi^2_{(19,0.05)}$) = 0.90

P($3.940 \leq \chi^2_{(10)} \leq 18.307$) = 0.90

P($3.940 \leq \frac{(11-1)\times 5}{\sigma^2} \leq 18.307$) = 0.90

P($\frac{1}{3.940} \geq \frac{\sigma^2}{(11-1)\times 5} \geq \frac{1}{18.307}$) = 0.90 上下顛倒，大小符號相反

P($\frac{1}{18.307} \leq \frac{\sigma^2}{10\times 5} \leq \frac{1}{3.940}$) = 0.90

P($\frac{10\times 5}{18.307} \leq \sigma^2 \leq \frac{10\times 5}{3.940}$) = 0.90

P($2.731 \leq \sigma^2 \leq 12.690$) = 0.90

$\therefore$ 青蛙跳遠 σ^2，在 90% 信心水準下的 CI 為 (2.731, 12.690)

一、計算題

1. 櫻桃鴨重量為常態分佈，重量變化大小不知。欲進行 σ^2 信賴區間推估。故抽 10 隻，得 $S^2 = 2500g^2$，以 $\alpha = 0.05$ 推估之。

2. 玉米雞重量為常態分佈，重量變化大小不知。欲進行 σ^2 信賴區間推估。故抽 13 隻，得 $S^2 = 1600g^2$，以 $\alpha = 0.1$ 推估之。

NOTE

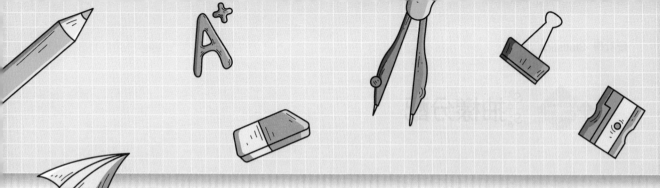

15

兩個母體變異數 $\left(\dfrac{\sigma_A^2}{\sigma_B^2}\right)$ 的信賴區間

一、$\dfrac{S_A^2}{S_B^2}$ 抽樣分配

二、$\dfrac{\sigma_A^2}{\sigma_B^2}$ 的信賴區間

◆一 $\dfrac{S_A^2}{S_B^2}$ 抽樣分配

進行「兩個母體變異數（$\dfrac{\sigma_A^2}{\sigma_B^2}$）」信賴區間推估時，需找到其對應「兩個樣本變異數 $\dfrac{S_A^2}{S_B^2}$ 抽樣分佈」。沒有此抽樣分配，所以運用下列過程得 $\dfrac{S_A^2}{S_B^2}$ 抽樣分佈是右偏的 F 分佈，自由度 (n_A-1, n_B-1)。

$$r.v. \frac{S_A^2}{S_B^2} \sim ?$$

$$\frac{(n_A-1)S_A^2}{\sigma_A^2} \sim \chi^2_{(n_A-1)}$$

$$\frac{(n_B-1)S_B^2}{\sigma_B^2} \sim \chi^2_{(n_B-1)}$$

$$F = \frac{\chi^2_{(n_A-1)}/(n_A-1)}{\chi^2_{(n_B-1)}/(n_B-1)} = \frac{\dfrac{(n_A-1)S_A^2}{\sigma_A^2}/(n_A-1)}{\dfrac{(n_B-1)S_B^2}{\sigma_B^2}/(n_B-1)} = \frac{S_A^2}{S_B^2} \times \frac{\sigma_B^2}{\sigma_A^2} \sim F_{(n_A-1, n_B-1)}$$

◆二 $\dfrac{\sigma_A^2}{\sigma_B^2}$ 的信賴區間

說明 1：

兩個母體變異數 σ_A^2 與 σ_B^2 比較，採用比值（$\dfrac{\sigma_A^2}{\sigma_B^2}$）而非差距 $\left(\sigma_A^2 - \sigma_B^2\right)$ 因為欲知母體變異數 σ_A^2 與 σ_B^2 是大於、等於、小於，而非差距多少。

1. $\sigma_A^2 > \sigma_B^2 \ \rightarrow \ \frac{\sigma_A^2}{\sigma_B^2} > 1$

2. $\sigma_A^2 = \sigma_B^2 \ \rightarrow \ \frac{\sigma_A^2}{\sigma_B^2} = 1$

3. $\sigma_A^2 < \sigma_B^2 \ \rightarrow \ \frac{\sigma_A^2}{\sigma_B^2} < 1$

說明 2：

　　進行「兩個母體變異數 ($\frac{\sigma_A^2}{\sigma_B^2}$)」信賴區間推估時，需對應其「樣本統計量之 $\frac{S_A^2}{S_B^2}$ 抽樣分配」。$\frac{S_A^2}{S_B^2}$ 抽樣分配是右偏的 $F_{(n_A-1,\,n_B-1)}$ 分佈。

說明 3：

　　「兩個母體變異數 ($\frac{\sigma_A^2}{\sigma_B^2}$)」信賴區間推估步驟如下：

STEP 1 ▶ 先分別用下面定理寫出 $S_A^2 \sim$ 與 $S_B^2 \sim$

> $r.v.\,S^2 \sim ?$
>
> 若 $X_1, X_2, \ldots, X_n \overset{iid}{\sim} N\left(\mu, \sigma^2\right), \sigma^2$ 未知，
>
> 則 $\dfrac{(n-1)S^2}{\sigma^2} \sim \chi_{(n-1)}^2$

STEP 2 ▶ 再運用兩卡方相除為 F 分配。

> $\dfrac{\chi_{(n_A-1)}^2 / \left(n_A - 1\right)}{\chi_{(n_B-1)}^2 / \left(n_B - 1\right)} \sim F_{(n_A-1,\,n_B-1)}$

STEP 3▶ 運用 $F_{(n_A-1,n_B-1)}$ 查表，$(1-\alpha)$ 信心水準之 $F_{1-\frac{a}{2}}$ 與 $F_{\frac{a}{2}}$ 值。一般的 F 分配機率表，查不到大面積的右尾機率值。

$$F_{1-\alpha(v_2,v_1)} = \frac{1}{F_{\alpha(v_1,v_2)}}$$

口訣：查不到 $(1-\alpha)F$ 表機率值時，要翻 3 次：

$(1-\alpha)$ 翻成 α；自由度對調；分子翻到分母。

STEP 4▶ 反推估 $\dfrac{\sigma_A^2}{\sigma_B^2}$ 在 $(1-\alpha)$ 信心水準下之 C.I.

$$\frac{\sigma_A^2}{\sigma_B^2} \to \frac{S_A^2}{S_B^2} \to \frac{\dfrac{(n_A-1)\times S_A^2}{\sigma_A^2} \sim \chi^2_{(n_A-1)}}{\dfrac{(n_B-1)\times S_B^2}{\sigma_B^2} \sim \chi^2_{(n_B-1)}} \to \frac{\chi^2_{(n_A-1)}/(n_A-1)}{\chi^2_{(n_B-1)}/(n_B-1)} \sim F_{(n_A-1,n_B-1)}$$

範例 15-1

F 查表

1. $F(5,8; \alpha = 0.01) = ?$
2. $F(8,5; \alpha = 0.01) = ?$
3. $F(8,5; \alpha = 0.05) = ?$
4. $F(5,8; \alpha = 0.99) = ?$
5. $F(5,8)$ 中間面積為 95%，找兩點？

解 1. $F(5,8; \alpha = 0.01) = 6.63$

2. $F(8,5; \alpha = 0.01) = 10.29$

3. $F(8,5; \alpha = 0.05) = 4.82$

4. $F(5,8; \alpha = 0.99)$ F 查不到。用到 $F_{1-\alpha(v_2,v_1)} = \dfrac{1}{F_{\alpha(v_1,v_2)}}$。（翻 3 次口訣）。

$$F(5,8; \alpha = 0.99) = \frac{1}{F(8,5;0.01)} = \frac{1}{10.29} = 0.097$$

5. $F(5,8)$ 中間面積為 95%，找兩點

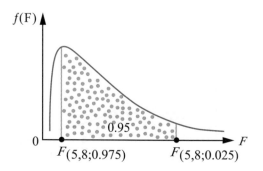

$$F(5,8; \alpha = 0.025) = 4.82$$

$$F(5,8; \alpha = 0.975) = \frac{1}{F(8,5; \alpha = 0.025)} = \frac{1}{6.76} = 0.148$$

範例 15-2

$n_A = 29$ ， $S_A^2 = 8$ ； $n_B = 25$ ， $S_B^2 = 12$ 。欲算 $\frac{\sigma_A^2}{\sigma_B^2}$ 的信賴區間，查 $F_{(v_1, v_2)} = ?$

　$\dfrac{\sigma_A^2}{\sigma_B^2} \longrightarrow \dfrac{S_A^2}{S_B^2} \longrightarrow \dfrac{\chi^2_{(28)} / 28}{\chi^2_{(24)} / 24} \longrightarrow F_{(df_1 = 28, df_2 = 24)}$

範例 15-3

欲知 🍎 v.s 🍌 重量變異比之 CI，且重量分佈均呈常態分佈。隨機抽

$n_{apple} = 5$ ， $\overline{X}_{apple} = 30g, S_{apple}^2 = 5$ ；

$n_{bnana} = 8$ ， $\overline{X}_{banana} = 20g, S_{banana}^2 = 3$ 。

求 $\dfrac{\sigma_A^2}{\sigma_B^2}$ 的 99% 信心水準之 C.I. ？

解　$\dfrac{\sigma_A^2}{\sigma_B^2} \longrightarrow \dfrac{S_A^2}{S_B^2} = \dfrac{\dfrac{(n_A - 1) \times S_A^2}{\sigma_A^2}}{\dfrac{(n_B - 1) \times S_B^2}{\sigma_B^2}} \longrightarrow \dfrac{\chi^2_{(4)} / 4}{\chi^2_{(7)} / 7} \sim F_{(4,7)}$

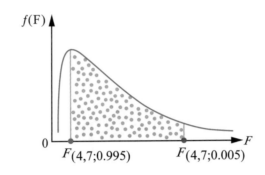

$$\bullet = F_{(4,7;0.995)} = \frac{1}{F_{(7,4;0.005)}} = \frac{1}{21.62} = 0.0466$$

$$\bullet = F_{(4,7;0.005)} = 10.05$$

$$P(\,\bullet \leqq F_{(4,7)} \leqq \bullet\,) = 0.99$$

$$P(\,\bullet \leqq \frac{\chi^2_{(4)}/4}{\chi^2_{(7)}/7} \leqq \bullet\,) = 0.99$$

$$P(\,\bullet \leqq \frac{\dfrac{(n_A-1)\times S_A^2}{\sigma_A^2}/4}{\dfrac{(n_B-1)\times S_B^2}{\sigma_B^2}/7} \leqq \bullet\,) = 0.99$$

$$P(\,\bullet \leqq \frac{\dfrac{4\times 5}{\sigma_A^2}/4}{\dfrac{7\times 3}{\sigma_B^2}/7} \leqq \bullet\,) = 0.99$$

$$P(\,\bullet \leqq \frac{5}{3}\times\frac{\sigma_B^2}{\sigma_A^2} \leqq \bullet\,) = 0.99$$

$$P(\,0.0466\times\frac{3}{5} \leqq \frac{\sigma_B^2}{\sigma_A^2} \leqq 10.05\times\frac{3}{5}\,) = 0.99$$

$$P\,(\frac{5}{0.0466\times 3} \geq \frac{\sigma_A^2}{\sigma_B^2} \geq \frac{5}{10.05\times 3}) = 0.99$$

$$P\,(35.765 \geq \frac{\sigma_A^2}{\sigma_B^2} \geq 0.166) = 0.99$$

$$\therefore \frac{\sigma_A^2}{\sigma_B^2} \text{ 的 99\% 信賴水準之 CI 為 } (0.166, 35.765)。$$

範例 **15-4**

老鼠身長 normal， $\mu = ?$ ， $\sigma^2 = ?$ 。隨機抽 n=16， $\bar{X} = 13$ cm，S=1 cm² 。求

1. 以 $\alpha = 0.01$ 求老鼠平均身長之區間估計 ?
2. 以 $\alpha = 0.01$ 求老鼠身長變異數之區間估計 ?

解 1. 令 *r.v.X* 為老鼠的身長

∵ 求 μ 的信賴區間 ∴需找到 $\bar{X} \sim$

∵ $X \sim N\left(\mu = ?, \sigma^2 = ?\right)$

∴ $\bar{X} \sim N\left(\mu = ?, \dfrac{\sigma^2}{n} = \dfrac{?}{16}\right)$

下限： $\bar{X} - Z \times \sqrt{\dfrac{?}{n}} = \bar{X} - t_{(n-1)} \times \sqrt{\dfrac{S^2}{n}} = 13 - t_{(15)} \times \sqrt{\dfrac{1}{16}} = 13 - 2.947 \times \sqrt{\dfrac{1}{16}} = 12.263$

上限： $\bar{X} + Z \times \sqrt{\dfrac{?}{n}} = \bar{X} + t_{(n-1)} \times \sqrt{\dfrac{S^2}{n}} = 13 + t_{(15)} \times \sqrt{\dfrac{1}{16}} = 13 + 2.947 \times \sqrt{\dfrac{1}{16}} = 13.737$

∴ $1 - = 0.99 = 99\%$ μ 的 99%C.I. 為 (12.263，13.737)

2. 令 *r.v.S²* 為老鼠身長變異數

$r.v.S^2 \sim$

∴ $\dfrac{(n-1)S^2}{\sigma^2} = \chi^2_{(n-1)} = \chi^2_{(15)}$

P(下限 $\leq \chi^2_{(15)} \leq$ 上限) = 0.99

P ($\chi^2_{(15, 0.995)} \leq \chi^2_{(15)} \leq \chi^2_{(15, 0.005)}$) = 0.99

P ($4.600 \leq \chi^2_{(15)} \leq 32.801$) = 0.99

P ($4.600 \leq \dfrac{(16-1) \times 1}{\sigma^2} \leq 32.801$) = 0.99

P ($\dfrac{1}{4.6} \geq \dfrac{\sigma^2}{15 \times 1} \geq \dfrac{1}{32.801}$) = 0.99　　　上下顛倒，大小符號相反

P($0.457 \leq \sigma^2 \leq 3.261$) = 0.99

∴ σ^2 99% 信心水準的 CI 為 (0.457 , 3.261)

$\therefore$以$\alpha = 0.01$的老鼠身長μ的 C.I. 爲$(12.263 , 13.737)$

以$\alpha = 0.01$的老鼠身長σ^2的 C.I. 爲$(0.457 , 3.260)$

範例 15-5

老鼠身長常態分佈，$\mu_A = ?$ ，$\sigma_A^2 = ?$ ；兔子身長分佈未知，$\mu_B = ?$ $\sigma_B^2 = ?$

$n_A = 16, \bar{X}_A = 13, S_A^2 = 1cm^2$ ； $n_B = 31, \bar{X}_B = 30, S_B^2 = 5cm^2$ 。求

1. 以$\alpha = 0.05$求老鼠的身長變異數的σ_A^2的 C.I.?

2. 以$\alpha = 0.05$求兔子的身長變異數的σ_B^2的 C.I.?

3. 以$\alpha = 0.05$ 求 $\dfrac{\sigma_B^2}{\sigma_A^2}$ 的 C.I.?

4. 以$\alpha = 0.05$求$\mu_B - \mu_A$ 的 C.I.?

解 1. 令 r.v. S_A^2 老鼠身長變異數

$r.v. S_A^2 \sim ?$

$\dfrac{(n-1)S_A^2}{\sigma^2} = \chi_{(n-1)}^2 = \chi_{(15)}^2$

$P(6.262 \leqq \chi_{(15)}^2 \leqq 27.488) = 0.95$

$P(6.262 \leqq \dfrac{15 \times 1}{\sigma_A^2} \leqq 27.488) = 0.95$

$P(\dfrac{15 \times 1}{6.262} \geqq \sigma_A^2 \geqq \dfrac{15 \times 1}{27.488}) = 0.95$

$P(2.395 \geqq \sigma_A^2 \geqq 0.546) = 0.95$

$\therefore$老鼠σ_A^2的 C.I. 爲$(0.546 , 2.395)$

2. 令 r.v. S_B^2 兔子身長變異數

$r.v. S_B^2 \sim ?$

$\dfrac{(n-1)S_B^2}{\sigma^2} = \chi_{(n-1)}^2 = \chi_{(30)}^2$

$P(16.791 \leqq \chi_{(30)}^2 \leqq 46.979) = 0.95$

$$P(16.791 \leqq \frac{30 \times 5}{\sigma_B^{\ 2}} \leqq 46.979) = 0.95$$

$$P(\frac{30 \times 5}{16.791} \geqq \sigma_B^{\ 2} \geqq \frac{30 \times 5}{46.979}) = 0.95$$

$$P(8.933 \geqq \sigma_B^{\ 2} \geqq 3.193) = 0.95$$

$$\therefore 兔子 \sigma_B^{\ 2} 的 \text{C.I.} 為 （3.193 , 8.933）$$

3. 令 *r.v.* S_A^2 為老鼠身長變異數

     r.v. S_B^2 為兔子身長變異數

$$\frac{\sigma_B^2}{\sigma_A^2} \rightarrow \frac{S_B^2}{S_A^2} = \frac{\dfrac{(n_B - 1) \times S_B^2}{\sigma_B^2}}{\dfrac{(n_A - 1) \times S_A^2}{\sigma_A^2}} \rightarrow \frac{\chi^2_{(30)} / 30}{\chi^2_{(15)} / 15} \quad \sim F_{(30,15)}$$

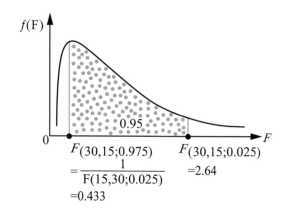

$$P(0.433 \leq F_{(30,15)} \leq 2.64) = 0.95$$

$$P(0.433 \leq \frac{\chi^2_{(30)} / 30}{\chi^2_{(15)} / 15} \leq 2.64) = 0.95$$

$$P(0.433 \leq \frac{\dfrac{30 \times 5}{\sigma_B^2} / 30}{\dfrac{15 \times 1}{\sigma_{BA}^2} / 15} \leq 2.64) = 0.95$$

$$P(0.433 \leq \frac{5}{1} \times \frac{\sigma_A^2}{\sigma_B^2} \leq 2.64) = 0.95$$

$$P\left(\frac{5}{0.433} \geq \frac{\sigma_B^2}{\sigma_A^2} \geq \frac{5}{2.64}\right) = 0.95$$

$$P\left(11.547 \geq \frac{\sigma_B^2}{\sigma_A^2} \geq 1.894\right) = 0.95$$

$\therefore \dfrac{\sigma_B^2}{\sigma_A^2}$ 的 95% 為（1.894, 11.547）

$\because$ CI 不含 1 $\therefore$ 確定 $\sigma_B^2 \neq \sigma_A^2$，且由前面 1.2 小題結果得知 $\sigma_B^2 > \sigma_A^2$

4. 令 r.v. X_A 為老鼠身長

　　r.v. X_B 為兔子身長

$\because$ 求 $\mu_B - \mu_A$ 的信賴區間　　$\therefore$ 需找到 $\left(\overline{X}_B - \overline{X}_A\right) \sim$

$X_A \sim N\left(\mu_A = ?, \sigma_A^2 = ?\right)$　　　　$X_B \sim N\left(\mu_B = ?, \sigma_B^2 = ?\right)$

$\overline{X}_A \sim N\left(\mu_A = ?, \dfrac{\sigma_A^2}{n_A} = \dfrac{?}{16}\right)$　　$\overline{X}_B \sim N\left(\mu_B = ?, \dfrac{\sigma_B^2}{n_B} = \dfrac{?}{31}\right)$

再運用常態分配具加法，得

$$\left(\overline{X}_B - \overline{X}_A\right) \sim N\left(\mu_{B-}\mu_A, \frac{\sigma_B^2}{n_B} + \frac{\sigma_A^2}{n_A}\right)$$

$$\sim N\left(\mu_{B-}\mu_A, \frac{?}{31} + \frac{?}{16}\right)$$

$$\left(\overline{X}_B - \overline{X}_A\right) \pm Z \times \sqrt{\frac{\sigma_B^2}{n_B} + \frac{\sigma_A^2}{n_A}}$$

$$= \left(\overline{X}_B - \overline{X}_A\right) \pm t_{(n_A + n_B - 2)} \times \sqrt{\frac{S_B^2}{n_B} + \frac{S_A^2}{n_A}} \quad \because t_{(n_A + n_B - 2)} = t_{(45)} \approx z = 1.96$$

$$= (30 - 13) \pm 1.96\sqrt{\left(\frac{5}{31} + \frac{1}{16}\right)} \qquad \because \sigma_B^2 \neq \sigma_A^2 \therefore 直接帶入不同值的 S_A^2 與 S_B^2。$$

$\because 1 - \alpha = 0.95 = 95\%$　$\therefore \mu_B - \mu_A$ 的 95% 之 C.I. 為（6.063，7.927）

兔子身長明顯高於老鼠身長，身長差距 95% 的 C.I. 為 (12.409, 27.591)

一、選擇題

( ) 1. 兩個母體變異數（σ_A^2 / σ_B^2）的信賴區間有含蓋 1，則表示： (A) 兩母體變異數可能相等 (B) 兩母體變異數不可能相等 (C) 無法從信賴區間判斷 (D) 信賴區間要含蓋 0 才能判斷。

( ) 2. 兩個母體變異數的信賴區間（σ_A^2 / σ_B^2）的敘述何者為眞： (A) 信賴區間必含蓋 1 (B) 信賴區間可能有負值 (C) 信賴區間要含蓋 1 表示兩母體變異數可能相等 (D) 信賴區間必含蓋 0。

二、計算題

1. 已知洗衣機壽命均為常態。欲知「奇異洗衣機壽命變異（σ_A^2）」與「恩典洗衣機壽命變異（σ_B^2）」大小。

   從奇異洗衣機隨機抽取 $n_A = 16, \bar{X}_A = 88, S_A^2 = 16$；

   從恩典洗衣機隨機抽取 $n_B = 31, \bar{X}_B = 66, S_B^2 = 25$。

   故以 $\alpha = 0.05$ 求 $\dfrac{\sigma_B^2}{\sigma_A^2}$ 的 C.I.。

NOTE

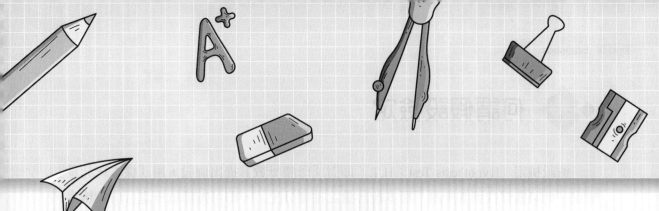

單一母體平均數 μ 的假設檢定

一、何謂假設檢定

二、μ 的假設檢定

PART 5 ▶ 檢定篇

一 何謂假設檢定

假設檢定（Hypothesis Test；H.T.）即對「母體母數」提出假設，用「樣本統計量」檢定。此時僅需找到其對應「樣本統計量之抽樣分配」，即可按部就班進行假設檢定，無需強背公式，最後下決策「不拒絕 (接受) 該假設」或是「拒絕該假設」。

對「母體母數」進行假設檢定時：

母體母數（固定數）　　　　　　樣本統計量（隨機變數）

1. μ 的假設檢定 ⟵ $\bar{X} \sim$

2. $\mu_A - \mu_B$ 的假設檢定 ⟵ $(\bar{X}_A - \bar{X}_B) \sim$

3. σ^2 的假設檢定 ⟵ $S^2 \sim$

4. $\dfrac{\sigma_A^2}{\sigma_B^2}$ 的假設檢定 ⟵ $\dfrac{S_A^2}{S_B^2} \sim$

 二 μ 的假設檢定

STEP 1▶ 對母體母數 μ 提出假設

H_0：虛無假設（Null Hypothesis）　　　　欲推翻

H_1：對立假設（Alternative Hypothesis）　　欲接受

STEP 2▶ 找到樣本統計量 $\bar{X} \sim$

μ 的最好檢定式 $\bar{X}$，所以運用 $\bar{X}$ 抽樣分配三個重要定理。

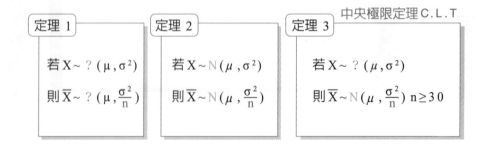

中央極限定理 C.L.T

定理 1	定理 2	定理 3
若 $X \sim ?(\mu, \sigma^2)$ 則 $\bar{X} \sim ?(\mu, \frac{\sigma^2}{n})$	若 $X \sim N(\mu, \sigma^2)$ 則 $\bar{X} \sim N(\mu, \frac{\sigma^2}{n})$	若 $X \sim ?(\mu, \sigma^2)$ 則 $\bar{X} \sim N(\mu, \frac{\sigma^2}{n})$ $n \geq 30$

STEP 3 畫 $\bar{X} \sim N(E, V)$ 圖

$$\bar{X} \sim N\left(\mu, \frac{\sigma^2}{n}\right)$$

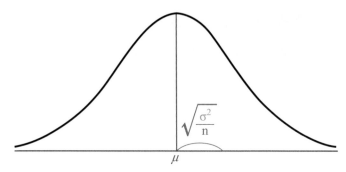

STEP 4 畫 H_0 與 H_1 常態分佈圖

以常態中心點 μ 來判斷圖靠左、居中或靠右。

$\begin{cases} H_0：虛無假設（Null Hypothesis） \\ H_1：對立假設（Alternative Hypothesis） \end{cases}$

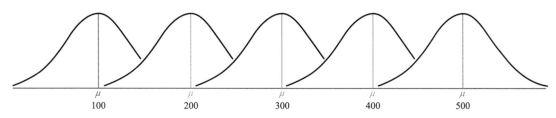

例 1：

$\begin{cases} H_0： \mu \geq 300 \quad （\mu = 300, \mu = 400, \mu = 500 \text{ 均可}） \\ H_1： \mu < 300 \quad （\mu = 100, \mu = 200 \text{ 均可}） \end{cases}$

$\therefore H_0$ 常態分佈圖在數線上標在 $\mu = 300$ 或 300 以上均可，靠右。

H_1 常態分佈圖在數線上標在 $\mu < 300$ 以下均可，靠左。

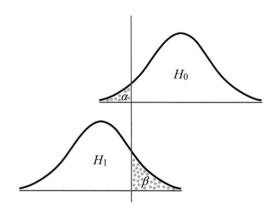

例 2：

$\quad\Big[\ H_0：\mu \le 300$ （$\mu=100, \mu=200, \mu=300$ 均可）

$\quad\Big[\ H_1：\mu > 300$ （$\mu=400, \mu=500$ 均可）

∴ H_0 常態分佈圖在數線上標在 $\mu=300$ 或 300 以下均可，靠左。

　H_1 常態分佈圖在數線上標在 $\mu>300$ 以上均可，靠右。

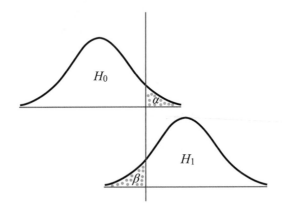

例 3：

$\quad\Big[\ H_0：\mu = 300\ (\mu = 300)$

$\quad\Big[\ H_1：\mu \ne 300$ （$\mu=100, \mu=200, \mu=400, \mu=500$ 均可）

∴ H_0 常態分佈圖在數線上標 $\mu=300$ 的位置。

　H_1 常態分佈圖在數線上標在 $\mu>300$ 以上或 $\mu<300$ 均可，左右兩邊。

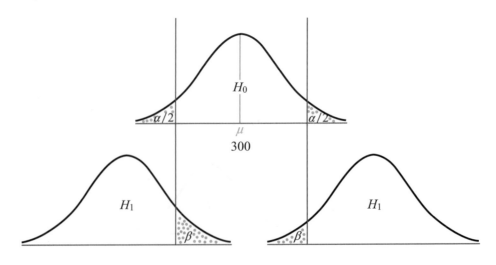

STEP 5▶ 根據顯著水準找到臨界點（Critical Point）

根據設定的 α 值來找到臨界點（Critical Point），臨界點即判斷準則線所在，準則線乃是區分接受域（Accept Region）與拒絕域（Reject Region）。接受域接受 H_0，拒絕域拒絕 H_0。

例 1：

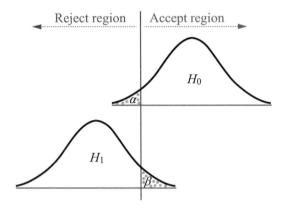

例 2：

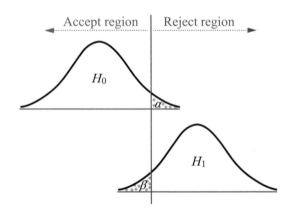

例 3：

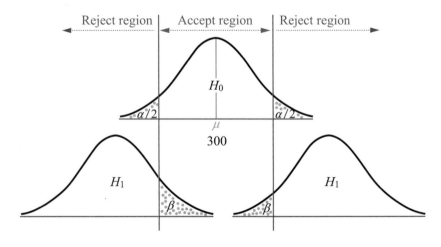

STEP 6 ▶ 下決策

根據樣本統計量與臨界點的比較。有四種決策情況，其中可能犯兩種錯誤：

決策 真實狀況	無法拒絕 H_0 （接受）	拒絕 H_0
H_0 為真	正確	第一類型錯誤 (α)
H_0 為假	第二類型錯誤 (β)	正確（檢定力）

「樣本統計量 $\overline{X}$ 值」落在接受域，則欲接受虛無假設 H_0。

「樣本統計量 $\overline{X}$ 值」落在拒絕域，則欲拒絕虛無假設 H_0。

型 I 錯誤（Type I error）：當 H_0 為真時，卻拒絕 H_0。α 是犯第一類型錯誤的機率。

$\alpha = P$（拒絕 $H_0 \mid H_0$ 為真）

∵已設定 α 值，犯型 I 錯誤機會 α 固定。

∴已知犯錯機率，決策可明確。冒 α 風險，可以明確拒絕 H_0（Reject H_0）。

型 II 錯誤（Type II error）：當 H_0 為假時，卻反而接受。β 是犯第二類型錯誤的機率。

$\beta = P$（無法拒絕 $H_0 \mid H_0$ 為假）

∵未設定 β 值，犯型 II 錯誤 β 機會沒固定。

∴不知犯錯機率，決策需保守。冒 β 風險，不直接說「接受（Accept）」，而是語氣保守「不拒絕 H_0（Not Reject H_0）」。

例 1：

若「樣本統計量 $\overline{X}$ 值」落在「判斷準則線」右邊，表示決策認同線右。

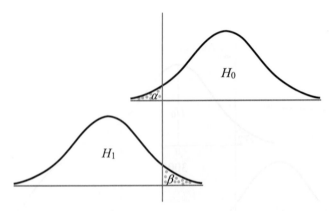

則認為虛無假設 H_0 是對的，此時冒 β 風險（β 風險大小未知，語氣應保守）。

例 2：

若「樣本統計量 $\overline{X}$ 值」落在「判斷準則線」左邊，表示決策認同線左。

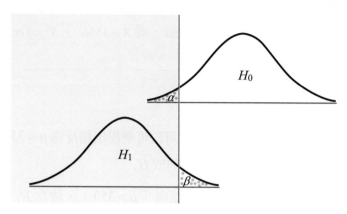

則認為虛無假設 H_0 是錯的，拒絕 H_0，即接受 H_1，此時冒 α 風險（α 風險固定，語氣明確）。

範例 16-1

可口可樂宣稱良心企業，鋁罐平均填滿 350c.c（$\mu > 350$）。Fu 教授欲檢定宣稱是否屬實。

1. Fu 教授買了 52 罐，得 $\overline{X} = 349c.c$，$S^2 = 5c.c^2$。寫出 H_0 與 H_1。
2. Fu 教授買了 36 罐，得 $\overline{X} = 355c.c$，$S^2 = 6c.c^2$。寫出 H_0 與 H_1。

解 1. $\mu > 350$ 或 $\mu < 350$；其中一個擺 H_0，另一個擺 H_1。

∵ $\overline{X} = 349c.c < 350c.c$

∴傾向 $\mu < 350$ 是對的。欲接受擺 H_1

$H_0 : \mu \geq 350$　欲推翻

$H_1 : \mu < 350$　欲接受

2. $\mu > 350$ 或 $\mu < 350$，其中一個擺 H_0，另一個擺 H_1。

∵ $\overline{X} = 355c.c > 350c.c$

∴傾向 $\mu > 350$ 是對的。欲接受擺 H_1

$H_0 : \mu \leq 350$　欲推翻

$H_1 : \mu > 350$　欲接受

範例 16-2

可口可樂宣稱良心企業，鋁罐平均填滿 350 cc $(\mu > 350)$，$\sigma^2 = 6cc^2$。Fu 教授欲檢定宣稱是否屬實。Fu 買了 36 罐，得 $\overline{X} = 355cc$，$S^2 = 8\,cc^2$。用 $\alpha = 0.05$ 檢定之。

解 令 *r.v.X* 可口可樂鋁罐裝容量

STEP 1▶ 可口可樂提出 $\mu > 350$。若與可口可樂提出相反為 $\mu < 350$。

先擇欲接受放 H_1；另一欲推翻放 H_0

$\because \overline{X} = 355 > 350$，手邊數據傾向「$\mu > 350$」，放在 H_1。「$=$」可擺在 H_0

$H_0 : \mu \le 350$

$H_1 : \mu > 350$

STEP 2▶ 找到樣本統計量 $\overline{X} \sim$

$\because X \sim ? \left(\mu = ?, \sigma^2 = 6 \right)$

則 $\overline{X} \underset{n>30}{\overset{C.L.T}{\sim}} N \left(\mu, \dfrac{\sigma^2}{n} = \dfrac{6}{36} \right)$

STEP 3▶ 畫 $\overline{X} \sim N \left(\mu, \dfrac{\sigma^2}{n} \right)$

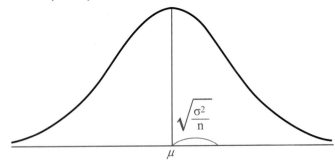

STEP 4▶ 畫 H_0 與 H_1 常態分佈圖，以常態中心點 μ 來判斷圖靠左、居中或靠右。

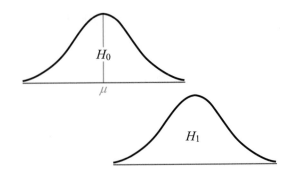

$H_0 : \mu \leq 350$ 　　常態中心點 μ 在數線左邊

$H_1 : \mu > 350$ 　　常態中心點 μ 在數線右邊

STEP 5 ▶ 根據顯著水準找到臨界點（Critical Point；CP），在 H_0 與 H_1 中間用一條「準則線」將之分開。「準則線」取在 H_0 右尾機率 $\alpha = 0.05$ 的位置。

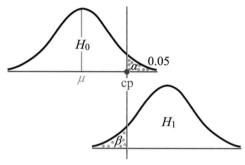

$$cp = \mu + Z \times \sqrt{\frac{\sigma^2}{n}} = 350 + 1.645 \times \sqrt{\frac{6}{36}} = 350.67$$

STEP 6 ▶ 下決策

$\blacktriangle = \overline{X} = 355 > \bullet = cp = 350.67$

$\blacktriangle = \overline{X} = 355$ 落在線右

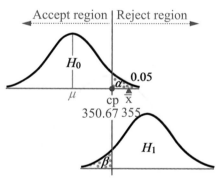

拒絕 $H_0 : \mu \leq 350$，即接受 $H_1 : \mu > 350$（冒 $\alpha = 0.05$ 風險，犯錯機率固定，可下明確結論）

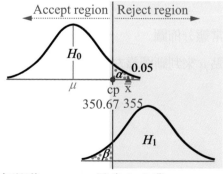

可口可樂鋁罐裝平均確實填滿 350c.c.，是良心企業。

範例 **16-3**

農夫說：蘋果園因寒害，所以蘋果的平均恐不達 200g。欲檢定農夫說辭正確與否。隨機抽 n=49, $\overline{X} = 199g$ $S^2 = 6g^2$ $\alpha = 0.025$ 檢定之。

解 令 *r.v.X* 蘋果每顆重量

STEP 1▶ 農夫提出 $\mu < 200$。若與農夫提出相反為 $\mu > 200$。

先擇欲接受放 H_1；另一欲推翻放 H_0

∵ $\overline{X} = 199 < 200$，手邊數據傾向「$\mu < 200$」，放在 H_1。「=」可擺在 H_0

$H_0 : \mu \geq 200$

$H_1 : \mu < 200$

STEP 2▶ 找到樣本統計量 $\overline{X} \sim$

∵ $X \sim ? \left(\mu = ?, \sigma^2 = ? \right)$

則 $\overline{X} \underset{n>30}{\overset{C.L.T}{\sim}} N \left(\mu, \dfrac{\sigma^2}{n} = \dfrac{?}{49} \right)$

STEP 3▶ 畫 $\overline{X} \sim N \left(\mu, \dfrac{\sigma^2}{n} \right)$

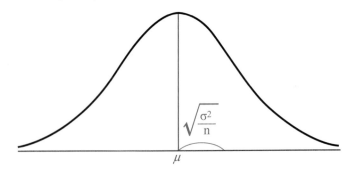

STEP 4▶ 畫 H_0 與 H_1 常態分佈圖

以常態中心點 μ 來判斷圖靠左、居中或靠右。

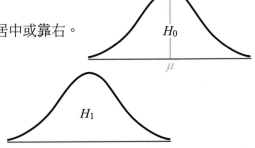

$H_0 : \mu \geq 200$　常態中心點 μ 在數線右邊

$H_1 : \mu < 200$　常態中心點 μ 在數線左邊

STEP 5▶ 根據顯著水準找到臨界點（Critical Point；CP）

在 H_0 與 H_1 中間用一條「準則線」將之分開，「準則線」取在 H_0 右尾機率

$\alpha = 0.025$ 的位置

$$cp = \mu - Z \times \sqrt{\frac{\sigma^2}{n}} = 200 - 1.96 \times \sqrt{\frac{?}{49}} = \mu + t_{(n-1)}\sqrt{\frac{s^2}{n}} = 200 - 1.96 \times \sqrt{\frac{6}{36}} = 199.16$$

$\because \sigma^2 = ?$

$\therefore$ 用 $S^2 = 6$ 代替，此時 z 分配改 t 分配，查 $t_{(n-1)}$ 分配表。

小秘笈 秘

t 分配又稱「Student t」，所以用 S^2 代替 σ^2 時，改用 t 分配。

STEP 6▶ 下決策

▲ $= \overline{X} = 199 < \bullet = cp = 199.16$

▲ $= \overline{X} = 199$ 落在線左

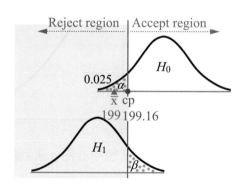

拒絕 $H_0 : \mu \geq 200$，即接受 $H_1 : \mu < 200$（冒 $\alpha = 0.025$ 風險）。農夫蘋果確實平均小於 200g。

範例 16-4

農夫種絲瓜長度為 normal，$\sigma^2 = 9cm^2$，吹牛平均長度超過 30cm，欲檢測是否吹牛，故抽 n=16，$\overline{X} = 36$，$S^2 = 5cm^2$，以 $\alpha = 0.025$ 檢定之。

解 令 *r.v.X* 絲瓜長度

STEP 1▶ 農夫提出 $\mu > 30$。若與農夫提出相反為 $\mu < 30$。

先擇欲接受放 H_1；另一欲推翻放 H_0

$\because \overline{X} = 36 > 30$，手邊數據傾向「$\mu > 30$」，放在 H_1。「＝」可擺在 H_0

$H_0 : \mu \leq 30$

$H_1 : \mu > 30$

STEP 2▶ 找到樣本統計量 $\overline{X} \sim$

$\because X \sim N\left(\mu = ?, \sigma^2 = 9\right)$

則 $\overline{X} \sim N\left(\mu, \dfrac{\sigma^2}{n} = \dfrac{9}{16}\right)$

STEP 3▶ 畫 $\overline{X} \sim N\left(\mu, \dfrac{\sigma^2}{n}\right)$

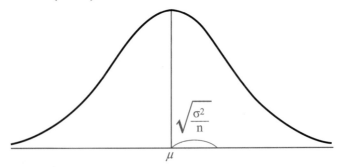

STEP 4▶ 畫 H_0 與 H_1 常態分佈圖，以常態中心點 μ 來判斷圖靠左、居中或靠右。

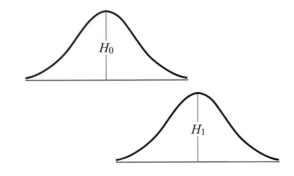

$H_0 : \mu \leq 30$　常態中心點 μ 在數線左邊

$H_1 : \mu > 30$　常態中心點 μ 在數線右邊

STEP 5 ▶ 根據顯著水準找到臨界點（Critical Point；CP）

在 H_0 與 H_1 中間用一條「準則線」將之分開。

「準則線」取在 H_0 右尾機率 $\alpha = 0.025$ 的位置

$$cp = \mu + Z \times \sqrt{\frac{\sigma^2}{n}} = 30 + 1.96 \times \sqrt{\frac{9}{16}} = 31.47$$

STEP 6 ▶ 下決策

● $= cp = 31.47 < ▲ = \overline{X} = 36$

▲ $= \overline{X} = 36$ 落在線右

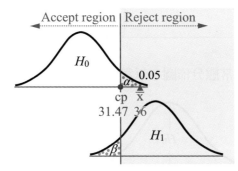

拒絕 $H_0 : \mu \leq 30$，即接受 $H_1 : \mu > 30$（冒 $\alpha = 0.025$ 風險）。農夫種的絲瓜平均長度確實大於 30cm。

範例 16-5

農夫種絲瓜長度為 normal，$\sigma^2 = 9cm^2$，吹牛平均長度超過 30cm，欲檢測是否吹牛，故抽 n=16，$\overline{X} = 31$，$S^2 = 5cm^2$，以 $\alpha = 0.025$ 檢定之。

解　令 r.v.X　絲瓜長度

STEP 1 ▶ 農夫提出 $\mu > 30$。若與農夫提出相反為 $\mu < 30$。

先擇欲接受放 H_1；另一欲推翻放 H_0

$\because \overline{X} = 31 > 30$，手邊數據傾向「$\mu > 30$」，放在 H_1。「＝」可擺在 H_0

$H_0 : \mu \leq 30$

$H_1 : \mu > 30$

STEP 2▶ 找到樣本統計量 $\bar{X}$ ～

$\because X \sim N\left(\mu = ?, \sigma^2 = ?\right)$

則 $\bar{X} \sim N\left(\mu, \dfrac{\sigma^2}{n} = \dfrac{?}{16}\right)$

STEP 3▶ 畫 $\bar{X} \sim N\left(\mu, \dfrac{\sigma^2}{n}\right)$

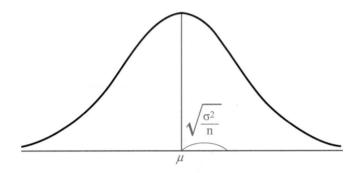

STEP 4▶ 畫 H_0 與 H_1 常態分佈圖，以常態中心點 μ 來判斷圖靠左、居中或靠右。

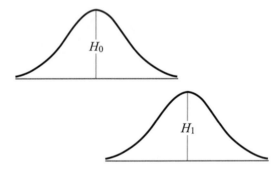

$H_0 : \mu \leq 30$ 　　常態中心點 μ 在數線左邊

$H_1 : \mu > 30$ 　　常態中心點 μ 在數線右邊

STEP 5▶ 根據顯著水準找到臨界點（Critical Point；CP）

在 H_0 與 H_1 中間用一條「準則線」將之分開。

「準則線」取在 H_0 右尾機率 $\alpha = 0.025$ 的位置

$$cp = \mu + Z \times \sqrt{\dfrac{\sigma^2}{n}} = 30 + 1.96 \times \sqrt{\dfrac{9}{16}} = 31.47$$

STEP 6▶ 下決策

$$\blacktriangle = \overline{X} = 31 < \bullet = cp = 31.47$$

$$\blacktriangle = \overline{X} = 31 \text{ 落在線左}$$

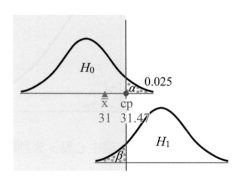

不拒絕 $H_0 : \mu \le 30$，（冒 β 風險大小未知，犯錯機率大小不確定論採保守）。

農夫可能種的絲瓜平均長度沒超過 30cm。

範例 16-6

　　農夫種絲瓜長度為 normal，$\sigma^2 = 9cm^2$，吹牛平均長度超過 30cm，欲檢測是否吹牛，故抽 n=16，$\overline{X} = 25$，$S^2 = 5cm^2$，以 $\alpha = 0.025$ 檢定之。

解 令 *r.v.X* 絲瓜長度

STEP 1▶ 農夫提出 $\mu > 30$。若與農夫提出相反為 $\mu < 30$。

先擇欲接受放 H_1；另一欲推翻放 H_0

$\because \overline{X} = 25 < 30$，手邊數據傾向「$\mu < 30$」，放在 H_1。「=」可擺在 H_0

$$H_0 : \mu \ge 30$$

$$H_1 : \mu < 30$$

STEP 2▶ 找到樣本統計量 $\overline{X} \sim$

$\because X \sim N\left(\mu = ?, \sigma^2 = 9\right)$

則 $\overline{X} \sim N\left(\mu, \dfrac{\sigma^2}{n} = \dfrac{9}{16}\right)$

STEP 3 ▶ 畫 $\bar{X} \sim N\left(\mu, \dfrac{\sigma^2}{n}\right)$

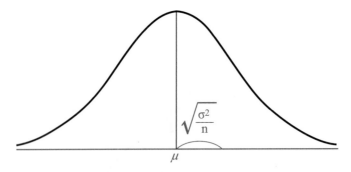

STEP 4 ▶ 畫 H_0 與 H_1 常態分佈圖，以常態中心點 μ 來判斷圖靠左、居中或靠右。

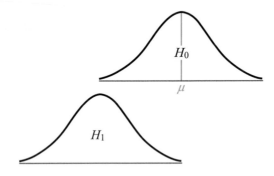

$H_0 : \mu \geq 30$ 常態中心點 μ 在數線右邊

$H_1 : \mu < 30$ 常態中心點 μ 在數線左邊

STEP 5 ▶ 根據顯著水準找到臨界點（Critical Point；CP）

在 H_0 與 H_1 中間用一條「準則線」將之分開。

「準則線」取在 H_0 右尾機率 $\alpha = 0.025$ 的位置

$$cp = \mu - Z \times \sqrt{\frac{\sigma^2}{n}} = 30 - 1.96 \times \sqrt{\frac{9}{16}} = 28.53$$

STEP 6 ▶ 下決策

$\blacktriangle = \bar{X} = 25 < \bullet = cp = 28.53$

$\blacktriangle = \bar{X} = 25$ 落在線左

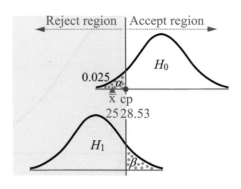

拒絕 $H_0 : \mu \geq 30$ ，即接受 $H_1 : \mu < 30$ （在線左邊，冒 $\alpha = 0.025$ 風險）。

農夫種的絲瓜平均長度確實沒超過 30cm，確定農夫騙人。

範例 16-7

農夫種絲瓜長度為 normal，$\sigma^2 = 9 cm^2$，吹牛平均長度超過 30cm，欲檢測是否吹牛，故抽 n=16，$\overline{X} = 29$ ，$S^2 = 5 cm^2$，以 $\alpha = 0.025$ 檢定之。

解 令 *r.v.X* 絲瓜長度

STEP 1▶ 農夫提出 $\mu > 30$ 。若與農夫提出相反為 $\mu < 30$ 。

先擇欲接受放 H_1 ；另一欲推翻放 H_0

∵ $\overline{X} = 29 < 30$ ，手邊數據傾向「$\mu < 30$」，放在 H_1。「=」可擺在 H_0

$H_0 : \mu \geq 30$

$H_1 : \mu < 30$

STEP 2▶ 找到樣本統計量 $\overline{X} \sim$

∵ $X \sim N\left(\mu = ?, \sigma^2 = 9\right)$

則 $\overline{X} \sim N\left(\mu, \dfrac{\sigma^2}{n} = \dfrac{9}{16}\right)$

STEP 3▶ 畫 $\overline{X} \sim N\left(\mu, \dfrac{\sigma^2}{n}\right)$

PART 5 檢定篇

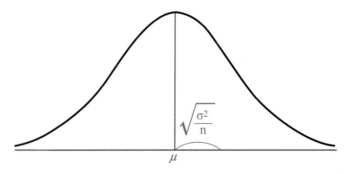

STEP 4 ▶ 畫 H_0 與 H_1 常態分佈圖

以常態中心點 μ 來判斷圖靠左、居中或靠右。

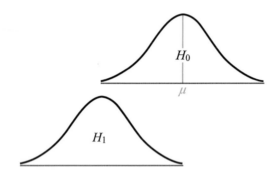

$H_0 : \mu \geq 30$　常態中心點 μ 在數線右邊

$H_1 : \mu < 30$　常態中心點 μ 在數線左邊

STEP 5 ▶ 根據顯著水準找到臨界點（Critical Point；CP）

在 H_0 與 H_1 中間用一條「準則線」將之分開。

「準則線」取在 H_0 右尾機率 $\alpha = 0.025$ 的位置

$$cp = \mu - Z \times \sqrt{\frac{\sigma^2}{n}} = 30 - 1.96 \times \sqrt{\frac{9}{16}} = 28.53$$

STEP 6 ▶ 下決策

▲ $= \overline{X} = 29 > \bullet = cp = 28.53$

▲ $= \overline{X} = 29$ 落在線右

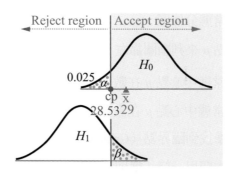

不拒絕 $H_0 : \mu \geq 30$ ，（在線右邊，冒 β 風險大小未知，犯錯機率大小不確定論探保守）。

農夫種的絲瓜平均長度可能超過 30cm，農夫可能沒吹牛。

範例 16-8

螺絲工廠稱螺絲平均長度恰為 5cm。欲檢測 n=100，$\overline{X} = 4.8cm$，$S = 0.05cm$。以 $\alpha = 0.05$ 檢定之。

解 令 $r.v.X$ 螺絲度長度

STEP 1 工廠稱 $\mu = 5$。若與農夫提出相反為 $\mu \neq 5$。

先擇欲接受放 H_1；另一欲推翻放 H_0

$$H_0 : \mu = 5$$

$$H_1 : \mu \neq 5$$

STEP 2 找到樣本統計量 $\overline{X} \sim$

$$\because \ X \sim N\left(\mu = ?, \sigma^2 = ?\right)$$

$$則 \ \overline{X} \overset{C.L.T}{\underset{n>30}{\sim}} N\left(\mu, \frac{\sigma^2}{n} = \frac{?}{100}\right)$$

STEP 3 畫 $\overline{X} \sim N\left(\mu, \frac{\sigma^2}{n}\right)$

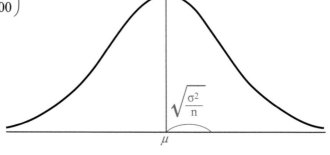

PART 5 檢定篇

STEP 4 畫 H_0 與 H_1 常態分佈圖

以常態中心點 μ 來判斷圖靠左、居中或靠右。

$H_0 : \mu = 5$ 常態中心點 μ 在數線中間

$H_1 : \mu \neq 5$ 常態中心點 μ 在數線左右兩邊

STEP 5 根據顯著水準找到臨界點（Critical Point；CP）

在 H_0 與 H_1 中間用一條「準則線」將之分開。

「準則線」取在 H_0 右尾機率 $\alpha = 0.025$ 的位置

$$cp_1 = \mu - Z \times \sqrt{\frac{\sigma^2}{n}} = 5 - 1.96 \times \sqrt{\frac{0.05^2}{100}} = 4.99$$

$$cp_2 = \mu + Z \times \sqrt{\frac{\sigma^2}{n}} = 5 + 1.96 \times \sqrt{\frac{0.05^2}{100}} = 5.01$$

STEP 6 下決策

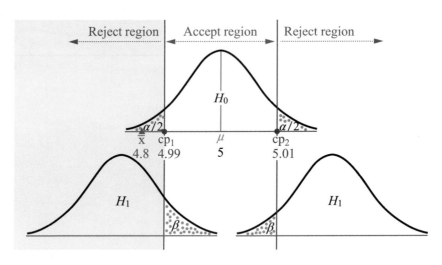

$$\blacktriangle = \overline{X} = 4.8 < \bullet = cp_1 = 4.99 < \bullet = cp_2 = 5.01$$

（ $\blacktriangle$ 在 cp_1 線的左邊，冒 $\dfrac{\alpha}{2} = 0.025$ 風險，犯錯機率明確）

拒絕 $H_0 : \mu = 5$，即接受 $H_1 : \mu \neq 5$

螺絲確定太短平均小於 5cm，螺絲平均長度沒有恰為 5cm，確定老闆宣稱不屬實。

一、是非題

(　　) 1. 型 I 錯誤為當 H_0 為真時,卻拒絕 H_0。

(　　) 2. α 是犯第一類型錯誤的機率。$\alpha = P($ 拒絕 $H_0 \mid H_0$ 為真 $)$。

(　　) 3. 型 II 錯誤為當 H_0 為假時,卻反而接受 H_0。

(　　) 4. β 是犯第二類型錯誤的機率。$\beta = P($ 無法拒絕 $H_0 \mid H_0$ 為假 $)$。

二、選擇題

(　　) 1. 若 $\bar{X}$ 統計量之抽樣分配為常態分配,若以增加樣本數來降低單尾檢定之型 I 誤差,但不改變臨界值 C,則型 II 誤差?

　　　　(A) 降低　　(B) 提高　　(C) 沒影響　　(D) 不確定。

(　　) 2. 生物老師宣稱樹蛙體長平均超過 4 cm,今蒐集 40 隻樹蛙資料進行假說檢定。令顯著水準 α 值為 5%,則臨界值為下列何者?

　　　　(A) 0.05　　(B) −1.645　　(C) +1.645　　(D) +1.96。

三、計算題

1. 雜誌報導「美國男生平均身高大於 175 公分」。欲檢測報導真假,故隨機抽 49 位美國男生進行量測,得身高平均 179 公分,變異數 9 公分 ^{2}。以 $\alpha = 0.025$ 檢定之。

2. 雜誌報導「日本男生平均身高低於 175 公分」。欲檢測報導真假,故隨機抽 36 位日本男生進行量測,得身高平均 176 公分,變異數 16 公分 ^{2}。以 $\alpha = 0.25$ 檢定之。

NOTE

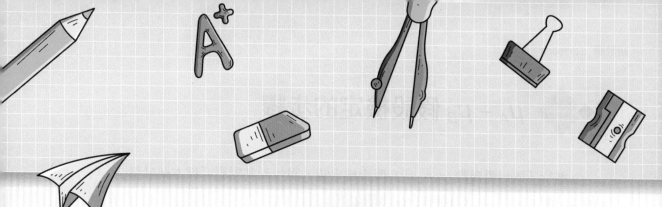

兩個母體平均數 $(\mu_A - \mu_B)$ 的假設檢定

一、$\mu_A - \mu_B$ 假設檢定的步驟

二、$\mu_A - \mu_B$ 假設檢定的範例

PART 5 ▶ 檢定篇

◆一 $\mu_A - \mu_B$ 假設檢定的步驟

進行「兩母體參數 $(\mu_A - \mu_B)$」假設檢定時，需找到其對應「樣本統計量之 $(\bar{X}_A - \bar{X}_B)$ 抽樣分配」。$(\bar{X}_A - \bar{X}_B)$ 抽樣分配步驟如下：

STEP 1▶ 對母體母數 $(\mu_A - \mu_B)$ 提出假設

H_0：虛無假設（Null Hypothesis）　　欲推翻

H_1：對立假設（Alternative Hypothesis）　欲接受

STEP 2▶ 找到樣本統計量 $(\bar{X}_A - \bar{X}_B) \sim N(\mu_A - \mu_B, \frac{\sigma_A^2}{n_A} + \frac{\sigma_B^2}{n_B})$ 即可進行假設檢定

先判斷 $\bar{X}_A \sim$ 與 $\bar{X}_B \sim$。再運用常態具「加法性」得之。

STEP 3▶ 畫 $(\bar{X}_A - \bar{X}_B) \sim N(\mu_A - \mu_B, \frac{\sigma_A^2}{n_A} + \frac{\sigma_B^2}{n_B})$ 圖

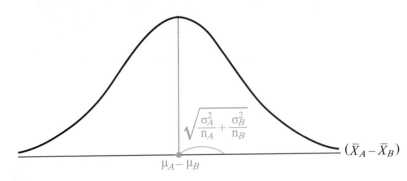

STEP 4▶ 畫 H_0 與 H_1 常態分佈圖

以常態中心點 $\mu_A - \mu_B$ 來判斷圖靠左、居中或靠右。

$\left[\begin{array}{l} H_0：虛無假設（Null Hypothesis） \\ H_1：對立假設（Alternative Hypothesis） \end{array}\right.$

STEP 5▶ 根據顯著水準找到臨界點（Critical Point），根據設定的 α 值來找到臨界點（Critical Point），臨界點即判斷準則線所在，準則線乃是區分接受域（Accept Region）與拒絕域（Reject Region）。接受域接受 H_0，拒絕域拒絕 H_0。

STEP 6▶ 下決策

「樣本統計量 $(\bar{X}_A - \bar{X}_B)$」落在接受域，則欲接受虛無假設 H_0。

「樣本統計量 $(\bar{X}_A - \bar{X}_B)$」落在拒絕域，則欲拒絕虛無假設 H_0。

$\mu_A - \mu_B$ 假設檢定的範例

範例　17-1

　　麥當勞宣稱：「麥當勞大薯平均重量」比「肯德基大薯平均重量」還要重。σ_M^2 與 σ_K^2 未知，但假設 $\sigma_M^2 \neq \sigma_K^2$。

　　欲檢測是否屬實，故抽驗資料如下，以 $\alpha = 0.05$ 檢定之。

$n_M = 31, \overline{X}_M = 250g, s_M^2 = 5g^2$ ；

$n_K = 41, \overline{X}_K = 240g, s_K^2 = 4g^2$

解 　令 r.v. $\overline{X}_M$ 為麥當勞大薯重量；r.v. $\overline{X}_K$ 為肯德基大薯重量

STEP 1 ▶ 麥當勞宣稱 $(\mu_M - \mu_K) > 0$。相反為 $(\mu_M - \mu_K) < 0$。

先擇欲接受放 H_1；另一欲推翻放 H_0。

$\because \left(\overline{X}_A - \overline{X}_B\right) = (250 - 240) = 10 > 0$，手邊數據傾向「$(\mu_M - \mu_K) > 0$」，放在 H_1。「＝」可擺在 H_0

$$
\left\{
\begin{array}{l}
H_0 : (\mu_M - \mu_K) \leq 0 \\
H : (\mu_M - \mu_K) > 0
\end{array}
\right.
\quad 等同於 \quad
\left\{
\begin{array}{l}
H_0 : \mu_M \leq \mu_K \\
H_1 : \mu_M > \mu_K
\end{array}
\right.
$$

STEP 2 ▶ 找到樣本統計量 $\left(\overline{X}_M - \overline{X}_K\right) \sim$

$\because$ 求 $\mu_M - \mu_K$ 的假設檢定　$\therefore$ 需找到 $\left(\overline{X}_M - \overline{X}_K\right) \sim$

先分別判斷 $\overline{X}_M \sim$ 與 $\overline{X}_K \sim$

$X_M \sim ?\left(\mu_M = ?, \sigma_M^2 = ?\right)$ 　　　　　　 $X_K \sim ?\left(\mu_K = ?, \sigma_K^2 = ?\right)$

$\overline{X}_M \underset{n \geq 30}{\overset{C.L.T}{\sim}} N\left(\mu_M = ?, \dfrac{\sigma_M^2}{n_M} = \dfrac{?}{31}\right)$ 　　 $\overline{X}_K \underset{n \geq 30}{\overset{C.L.T}{\sim}} N\left(\mu_K = ?, \dfrac{\sigma_K^2}{n_K} = \dfrac{?}{41}\right)$

再運用常態分配具加法，得

$$\left(\overline{X}_M - \overline{X}_K\right) \sim N\left(\mu_M - \mu_K, \dfrac{\sigma_M^2}{n_M} + \dfrac{\sigma_K^2}{n_K}\right)$$

$$\sim N\left(\mu_M - \mu_K, \dfrac{?}{31} + \dfrac{?}{41}\right)$$

STEP 3 ▶ 畫 $\left(\overline{X}_M - \overline{X}_K \right) \sim N\left(\mu_M - \mu_K, \dfrac{\sigma_M^2}{n_M} + \dfrac{\sigma_K^2}{n_K} \right)$

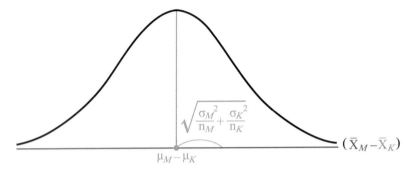

$$\sqrt{\dfrac{\sigma_M^2}{n_M} + \dfrac{\sigma_K^2}{n_K}}$$

$\mu_M - \mu_K$ $\left(\overline{X}_M - \overline{X}_K \right)$

STEP 4 ▶ 畫 H_0 與 H_1 常態分佈圖，以常態中心點 ($\mu_M - \mu_K$) 靠左、居中或靠右。

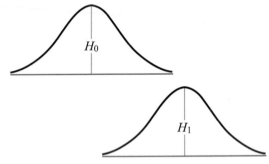

H_0

H_1

$H_0 \left(\mu_M - \mu_K \right) \leq 0$ 常態中心點 $\mu_M - \mu_K$ 在數線左邊。

$H_1 \left(\mu_M - \mu_K \right) > 0$ 常態中心點 $\mu_M - \mu_K$ 在數線右邊。

STEP 5 ▶ 根據顯著水準找到臨界點（Critical Point；CP）

在 H_0 與 H_1 中間用一條「準則線」將之分開。

「準則線」取在 H_0 右尾機率 $\alpha = 0.05$ 的位置

$$\mathrm{cp} = \left(\mu_M - \mu_k \right) + Z \times \sqrt{\dfrac{\sigma_M^2}{n_M} + \dfrac{\sigma_K^2}{n_K}} \qquad \because \sigma_M^2 \text{ 與 } \sigma_K^2 \text{ 未知，假設 } \sigma_M^2 \neq \sigma_K^2$$

$$= 0 + 1.645 \sqrt{\dfrac{?}{31} + \dfrac{?}{41}} \qquad \therefore s_M^2 \neq s_K^2 \text{ 兩數，來代替 } \sigma_M^2 \neq \sigma_K^2 \text{ 兩數}$$

$$= \left(\mu_M - \mu_k \right) + t_{(df)} \times \sqrt{\dfrac{S_M^2}{n_M} + \dfrac{S_K^2}{n_K}} \qquad \text{用 } S^2 \text{ 代替 } \sigma^2 \text{ 時，改用 } t_{(df)} \text{ 分配。}$$

$$= 0 + 1.645 \times \sqrt{\dfrac{5}{31} + \dfrac{4}{41}} \qquad df = \dfrac{\left(\dfrac{S_1^2}{n_1} + \dfrac{S_2^2}{n_2} \right)^2}{\dfrac{\left(S_1^2 \big/ n_1 \right)^2}{n_1 - 1} + \dfrac{\left(S_1^2 \big/ n_1 \right)^2}{n_2 - 1}} = \dfrac{\left(\dfrac{5}{31} + \dfrac{4}{41} \right)^2}{\dfrac{\left(5/31 \right)^2}{30} + \dfrac{\left(4/41 \right)^2}{40}} = 61$$

$$= 0.837$$

STEP 6 下決策

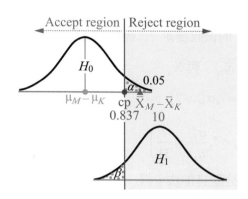

$\bullet = cp = 0.837 < \blacktriangle = \left(\overline{X}_M - \overline{X}_K\right) = 10$

$\blacktriangle = 10$ 落在線右（冒 $\alpha = 0.05$ 風險）

拒絕 $H_0 : \left(\mu_M - \mu_K\right) \leq 0$，即接受 $H_1 : \left(\mu_M - \mu_K\right) > 0$

麥當勞的大薯重量確實比肯德基的大薯重，麥當勞確定沒有說謊。

範例 17-2

麥當勞宣稱：「麥當勞大薯平均重量」比「肯德基大薯平均重量」還要重。σ_M^2 與 σ_K^2 未知，但假設 $\sigma_M^2 = \sigma_K^2$。欲檢測是否屬實，故抽驗資料如下，以 $\alpha = 0.05$ 檢定之。

$n_M = 31, \overline{X}_M = 250g, s_M^2 = 5g^2$ ；

$n_K = 41, \overline{X}_K = 240g, s_K^2 = 4g^2$

解 令 *r.v.* $\overline{X}_M$ 為麥當勞大薯重量；*r.v.* $\overline{X}_K$ 為肯德基大薯重量

STEP 1 麥當勞宣稱 $(\mu_M - \mu_K) > 0$。相反為 $(\mu_M - \mu_K) < 0$。

先擇欲接受放 H_1；另一欲推翻放 H_0

$\because \left(\overline{X}_A - \overline{X}_B\right) = (250 - 240) = 10 > 0$，手邊數據傾向「$(\mu_M - \mu_K) > 0$」，放在 H_1。「=」可擺在 H_0

$$\begin{array}{ll} H_0 : \left(\mu_M - \mu_K\right) \leq 0 & \text{等同於 } H_0 : \mu_M \leq \mu_K \\ H_1 : \left(\mu_M - \mu_K\right) > 0 & \text{等同於 } H_1 : \mu_M > \mu_K \end{array}$$

STEP 2▶ 找到樣本統計量 $\left(\overline{X}_M - \overline{X}_K\right) \sim$

∵求 $\mu_M - \mu_K$ 的假設檢定 ∴需找到 $\left(\overline{X}_M - \overline{X}_K\right) \sim$

先分別判斷 $\overline{X}_M \sim$ 與 $\overline{X}_K \sim$

$$X_M \sim ?\left(\mu_M = ?, \sigma_M^2 = ?\right) \qquad X_K \sim ?\left(\mu_K = ?, \sigma_K^2 = ?\right)$$

$$\overline{X}_{M\,n \geq 30}^{\;\;C.L.T} N\left(\mu_M = ?, \frac{\sigma_M^2}{n_M} = \frac{?}{31}\right) \qquad \overline{X}_{K\,n \geq 30}^{\;\;C.L.T} N\left(\mu_K = ?, \frac{\sigma_K^2}{n_K} = \frac{?}{41}\right)$$

再運用常態分配具加法，得

$$\left(\overline{X}_M - \overline{X}_K\right) \sim N\left(\mu_M - \mu_K, \frac{\sigma_M^2}{n_M} + \frac{\sigma_K^2}{n_K}\right)$$

$$\sim N\left(\mu_M - \mu_K, \frac{?}{31} + \frac{?}{41}\right)$$

STEP 3▶ 畫 $\left(\overline{X}_M - \overline{X}_K\right) \sim N\left(\mu_M - \mu_K, \frac{?}{31} + \frac{?}{41}\right)$

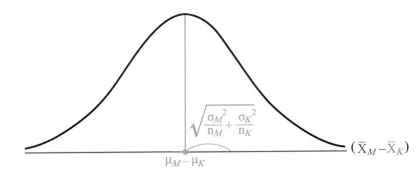

STEP 4▶ 畫 H_0 與 H_1 常態分佈圖，以常態中心點 $(\mu_M - \mu_K)$ 靠左、居中或靠右。

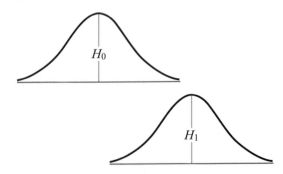

$H_0 : \left(\mu_M - \mu_K\right) \leq 0$ 常態中心點 $\mu_M - \mu_K$ 在數線左邊。

$H_1 : \left(\mu_M - \mu_K\right) > 0$ 常態中心點 $\mu_M - \mu_K$ 在數線右邊。

STEP 5 ▶　根據顯著水準找到臨界點（Critical Point；CP）

在 H_0 與 H_1 中間用一條「準則線」將之分開。

「準則線」取在 H_0 右尾機率 $\alpha = 0.05$ 的位置

$$cp = \left(\mu_M - \mu_k\right) + Z \times \sqrt{\frac{\sigma_M^2}{n_M} + \frac{\sigma_K^2}{n_K}} \qquad \because \sigma_M^2 \text{ 與 } \sigma_K^2 \text{ 未知，假設 } \sigma_M^2 = \sigma_K^2$$

$$= 0 + 1.645\sqrt{\frac{?}{31} + \frac{?}{41}} \qquad s_M^2 \neq s_K^2 \text{兩數，來代替 } \sigma_M^2 = \sigma_K^2 \text{ 兩數，不合理}$$

$$= \left(\mu_M - \mu_k\right) + t_{(df)} \times \sqrt{\frac{s_{pool}^2}{n_M} + \frac{s_{pool}^2}{n_K}} \qquad \therefore \text{用 } s_{pool}^2 \text{ 來代替 } s_{pool}^2 = \frac{\left(n_M - 1\right)s_M^2 + \left(n_K - 1\right)s_K^2}{n_M + n_K - 2} = 4.43$$

$$= 0 + 1.645 \times \sqrt{\frac{4.43}{31} + \frac{4.43}{41}} \qquad \text{用 } S^2 \text{ 來代替 } \sigma^2 \text{ 時，改用 t 分配。} \; t_{(df = n_M + n_K - 2)}$$

$$= 0.824$$

STEP 6 ▶　下決策

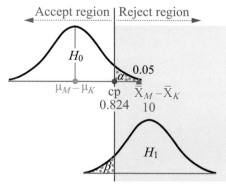

$\bullet = cp = 0.824 < \blacktriangle = \left(\overline{X}_M - \overline{X}_K\right) = 10$

$\blacktriangle = 10$ 落在線右（冒 $\alpha = 0.05$ 風險）

拒絕 $H_0 : \left(\mu_M - \mu_K\right) \leq 0$，即接受 $H_1 : \left(\mu_M - \mu_K\right) > 0$

麥當勞的大薯重量確實比肯德基的大薯重，麥當勞確定沒有說謊。

一、計算題

1. 雜誌報導「美國男生平均身高 (μ_A) 高於日本男生平均身高 (μ_J)」。欲檢測真假，故隨機各抽 49 位美國男生進行量測，得身高平均 179 公分，變異數 9 公分 ^{2} ；36 位日本男生進行量測，得身高平均 176 公分，變異數 16 公分 ^{2} ，假設 $\sigma_A^2 \neq \sigma_J^2$ 以 $\alpha = 0.05$ 檢定之。

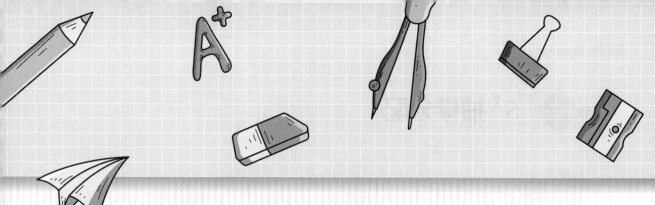

Chapter

18

單一母體變異數 σ^2 的假設檢定

一、S^2 抽樣分配

二、σ^2 的假設檢定

PART 5 ▶ 檢定篇

S^2 抽樣分配

樣本變異數 S^2 抽樣分佈是右偏的卡方分佈 $\chi^2_{(n-1)}$，當自由度愈大，圖形愈趨於對稱。

$r.v.S^2 \sim ?$

若 $X_1, X_2, \dots, X_n \overset{iid}{\sim} N(\mu, \sigma^2)$，$\sigma^2$ 未知，

則 $\dfrac{(n-1)S^2}{\sigma^2} \sim \chi^2_{(n-1)}$

σ^2 的假設檢定

σ^2 的假設檢定，通常「望小」，期待愈小愈好。而進行「單一變異數 σ^2」假設檢定時，需找到其對應「樣本變異數 S^2 抽樣分佈」。沒有此抽樣分配，但前面乘以 (n-1)，分母除以 σ^2，則為 $\chi^2_{(n-1)}$。

下圖為 $\dfrac{(n-1)S^2}{\sigma^2}$ 自由度 n-1 之卡方分配：

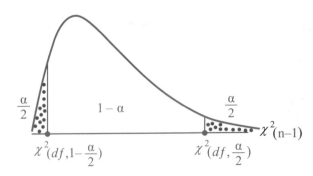

範例 **18-1**

螺絲長度幾乎一樣，號稱「變異數小於 0.05 cm²」，欲檢測是否屬實。
故隨機抽 n=21，$\overline{X}$ =3.8cm，S^2 =0.06 cm²，以 $\alpha = 0.025$ 檢定之。

解 令 *r.v.X* 為螺絲長度

STEP 1▶ 提出 $\sigma^2 < 0.05$。相反為 $\sigma^2 > 0.05$。

先擇欲接受放 H_1；另一欲推翻放 H_0

∵ $S^2 = 0.06 > 0.05$，手邊數據傾向「$\sigma^2 > 0.05$」，放在 H_1，「=」可擺在 H_0。

$H_0 : \sigma^2 \le 0.05$

$H_1 : \sigma^2 > 0.05$

STEP 2▶ 找到樣本統計量 $S^2 \sim$

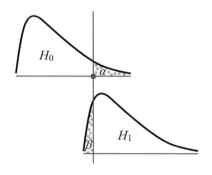

$$\frac{(n-1)S^2}{\sigma^2} = \chi^2_{(n-1)} = \chi^2_{(20)}$$

STEP 3▶ 畫 H_0 與 H_1 卡方 $\chi^2_{(20)}$ 分佈圖畫

$H_0 : \sigma^2 \le 0.05$ 在數線左邊

$H_1 : \sigma^2 > 0.05$ 在數線右邊

STEP 4▶ 根據顯著水準找到臨界點（Critical Point；CP）

在 H_0 與 H_1 中間用一條「準則線」將之分開。

「準則線」取在 H_0 右尾機率 $\alpha = 0.025$ 的位置。

• $= cp = \chi^2_{(df=20;\alpha=0.025)} = 34.17$

STEP 5▶ 下決策

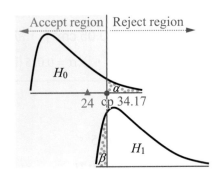

$$\blacktriangle = \frac{(n-1)S^2}{\sigma^2} = \frac{20 \times 0.06}{0.05} = 24 < \bullet = cp = 34.17 \text{（線左，冒 } \beta \text{ 風險）}$$

不拒絕 $H_0 : \sigma^2 \leq 0.05$。螺絲變異數可能小於 0.05cm，廠商可能是誠實的。

範例 18-2

麥當勞宣稱：「大薯條重量變異控管佳」，σ^2 小於 $4g^2$。欲檢測是否屬實。故隨機抽 n=31，$\overline{X}$ =400g，$S^2 = 10g^2$，以 $\alpha = 0.05$ 檢定之。

解 令 r.v.X 為大薯條重量

STEP 1▶ 提出 $\sigma^2 < 4$。相反為 $\sigma^2 > 4$。

$H_0 : \sigma^2 \leq 4$

$H_1 : \sigma^2 > 4$

STEP 2▶ 找到樣本統計量 $S^2 \sim$

$$\frac{(n-1)S^2}{\sigma^2} = \chi^2_{(n-1)} = \chi^2_{(30)}$$

STEP 3▶ 畫 H_0 與 H_1 卡方 $\chi^2_{(30)}$ 分佈圖畫

$H_0 : \sigma^2 \leq 4$ 在數線左邊

$H_1 : \sigma^2 > 4$ 在數線右邊

STEP 4 ▶ 根據顯著水準找到臨界點（Critical Point；CP）

在 H_0 與 H_1 中間用一條「準則線」將之分開。

「準則線」取在 H_0 右尾機率 $\alpha = 0.05$ 的位置。

● $= cp = \chi^2_{(df=30;\alpha=0.05)} = 43.773$

STEP 5 ▶ 下決策

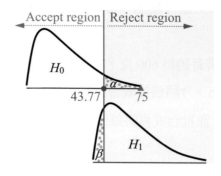

● $= cp = 43.773 < $ ▲ $= \dfrac{(n-1)S^2}{\sigma^2} = \dfrac{30 \times 10}{4} = 75$ （線右，冒 $\alpha = 0.05$ 風險）

拒絕 $H_0 : \sigma^2 \le 4$，即接受 $H_1 : \sigma^2 > 4$，麥當勞大薯變異數確定大於 $4g^2$，宣稱不屬實。

一、計算題

1. 雜誌報導「美國男生身高均很高，變異數 (σ_A^2) 小於 10 公分 ^{2}」。欲檢測真假，故隨機抽 51 位美國男生進行量測，得身高平均 180 公分，變異數 11 公分 ^{2}。以 $\alpha = 0.025$ 檢定之。

2. 設計台式喜餅每個餅需有餡料 600 克，容許標準差 $\sigma = 5$ 克。假設每個台式喜餅餅餡料重量屬於常態分布，今隨機抽取台式喜餅 19 個樣本，餡料標準差為 $S = 6$ 克，顯著水準 $\alpha = 0.05$ 下，該批台式喜餅每個餅需有餡料變異是否符合規定？

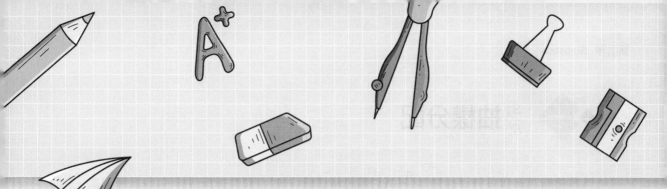

Chapter 19

兩個母體變異數 $\left(\dfrac{\sigma_A^2}{\sigma_B^2}\right)$ 的假設檢定

一、$\dfrac{S_A^2}{S_B^2}$ 抽樣分配

二、$\dfrac{\sigma_A^2}{\sigma_B^2}$ 的假設檢定

PART 5　　▶　檢定篇

一 $\frac{S_A^2}{S_B^2}$ 抽樣分配

進行「兩個母體變異數（$\frac{\sigma_A^2}{\sigma_B^2}$）」假設檢定時，需找到其對應「兩個樣本變異數 $\frac{S_A^2}{S_B^2}$ 抽樣分佈」。沒有此抽樣分配，所以運用下列過程得 $\frac{S_A^2}{S_B^2}$ 抽樣分佈是右偏的 F 分佈，自由度 $(n_A - 1, n_B - 1)$。

$$r.v. \frac{S_A^2}{S_B^2} \sim ?$$

$$\frac{(n_A - 1)S_A^2}{\sigma_A^2} \sim \chi_{(n_A - 1)}^2$$

$$\frac{(n_B - 1)S_B^2}{\sigma_B^2} \sim \chi_{(n_B - 1)}^2$$

$$F = \frac{\chi_{(n_A-1)}^2 / (n_A - 1)}{\chi_{(n_B-1)}^2 / (n_B - 1)} = \frac{\dfrac{(n_A - 1)S_A^2}{\sigma_A^2} / (n_A - 1)}{\dfrac{(n_B - 1)S_B^2}{\sigma_B^2} / (n_B - 1)} = \frac{S_A^2}{S_B^2} \times \frac{\sigma_B^2}{\sigma_A^2} \sim F_{(n_A - 1, n_B - 1)}$$

二 $\frac{\sigma_A^2}{\sigma_B^2}$ 的假設檢定

說明 1：兩個母體變異數 σ_A^2 與 σ_B^2 比較，採用比值（$\frac{\sigma_A^2}{\sigma_B^2}$）而非差距 $(\sigma_A^2 - \sigma_B^2)$ 因為欲知母體變異數 σ_A^2 與 σ_B^2 是大於、等於、小於，而非差距多少。

$$\sigma_A^2 > \sigma_B^2 \quad \rightarrow \quad \frac{\sigma_A^2}{\sigma_B^2} > 1$$

$$\sigma_A^2 = \sigma_B^2 \quad \rightarrow \quad \frac{\sigma_A^2}{\sigma_B^2} = 1$$

$$\sigma_A^2 < \sigma_B^2 \quad \rightarrow \quad \frac{\sigma_A^2}{\sigma_B^2} < 1$$

說明 2：進行「兩個母體變異數 ($\frac{\sigma_A^2}{\sigma_B^2}$)」假設檢定時，需對應其「樣本統計量之 $\frac{S_A^2}{S_B^2}$

抽樣分配」。 $\frac{S_A^2}{S_B^2}$ 抽樣分配是右偏的 $F_{(n_A-1,n_B-1)}$ 分佈。

說明 3：「兩個母體變異數 ($\frac{\sigma_A^2}{\sigma_B^2}$)」假設檢定之重點：

$$\frac{\sigma_A^2}{\sigma_B^2} \quad \rightarrow \quad \frac{S_A^2}{S_B^2} \quad \rightarrow \quad \frac{\dfrac{(n_A-1)\times S_A^2}{\sigma_A^2} \sim \chi^2_{(n_A-1)}}{\dfrac{(n_B-1)\times S_B^2}{\sigma_B^2} \sim \chi^2_{(n_B-1)}} \rightarrow \frac{\chi^2_{(n_A-1)}/(n_A-1)}{\chi^2_{(n_B-1)}/(n_B-1)} \sim F_{(n_A-1,n_B-1)}$$

範例　19-1

麥當勞宣稱：「麥當勞大薯條的重量變異比肯德基 (KFC) 大薯條的重量變異小」。欲檢定是否屬實，故抽 $n_M = 16, \overline{X}_M = 250g, S_M^2 = 3g^2$ ；

$n_K = 21, \overline{X}_K = 249g, S_K^2 = 6g^2$ 。以 $\alpha = 0.05$ 檢定之。

解

STEP 1▶ 麥當勞宣稱 $\sigma_M^2 < \sigma_K^2$ 。相反假設為 $\sigma_M^2 > \sigma_K^2$ 。

先擇欲接受放 H_1 ；另一欲推翻放 H_0

$\because S_M^2 = 3g^2 < \quad S_K^2 = 6g^2$ ，手邊數據傾向「 $\sigma_M^2 < \sigma_K^2$ 」，放在 H_1

$\begin{bmatrix} H_0 : \sigma_M^2 \geq \sigma_K^2 \\ H_1 : \sigma_M^2 < \sigma_K^2 \end{bmatrix}$

$\begin{bmatrix} H_0 : \sigma_M^2 / \sigma_K^2 \geq 1 \\ H_1 : \sigma_M^2 / \sigma_K^2 < 1 \end{bmatrix}$

STEP 2▶ 找到樣本統計量 $\frac{S_M^2}{S_K^2} \sim$

$$\frac{\sigma_M^2}{\sigma_K^2} \quad \rightarrow \quad \frac{S_M^2}{S_K^2} \quad \rightarrow \quad \frac{\dfrac{(n_M-1)\times S_M^2}{\sigma_M^2} \sim \chi^2_{(15)}}{\dfrac{(n_K-1)\times S_K^2}{\sigma_K^2} \sim \chi^2_{(20)}} \quad \rightarrow \quad \frac{\chi^2_{(15)}/15}{\chi^2_{(20)}/20} = F_{(15,20)}$$

PART 5　檢定篇

STEP 3 ▶ 用 $F_{(15,20)}$ 畫 H_0 與 H_1

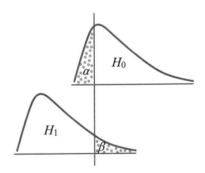

STEP 4 ▶ 根據顯著水準找到臨界點（Critical Point；CP）

在 H_0 與 H_1 中間用一條「準則線」將之分開。

「準則線」取在 H_0 左尾機率 $\alpha = 0.05$ 的位置。查 F 表右尾機率 0.95。

$$\bullet = cp = F\left(15, 20; 0.95\right) = \frac{1}{F\left(20, 15; 0.05\right)} = \frac{1}{2.33} = 0.429$$

STEP 5 ▶ 下決策

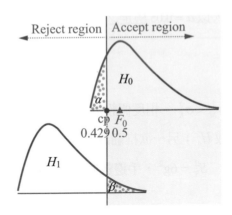

$$\blacktriangle = F_0 = \frac{\chi^2_{(15)} / 15}{\chi^2_{(20)} / 20} = \frac{\dfrac{(16-1) \times S_M^2}{\sigma_M^2} / 15}{\dfrac{(21-1) \times S_K^2}{\sigma_K^2} / 20} = \frac{S_M^2}{\sigma_M^2} \times \frac{\sigma_K^2}{S_K^2} = \frac{S_M^2}{S_K^2} \times \frac{\sigma_K^2}{\sigma_M^2} = \frac{3}{6} \times \frac{\sigma_K^2}{\sigma_M^2} = 0.5 \times 1 = 0.5$$

$$\bullet = cp = 0.429 < \blacktriangle = F_0 = 0.5$$

不拒絕 $H_0 : \sigma_M^2 / \sigma_K^2 \geq 1$，即 $\sigma_M^2 \geq \sigma_K^2$ （線右，冒 β 風險，採保守語氣）

麥當勞大薯條重量的變異可能大於肯德基大薯條重量的變異。

範例　19-2

　　麥當勞宣稱：「麥當勞大薯的重量變異比肯德基（KFC）大薯的重量變異小」。

欲檢定是否屬實。故抽 $n_M = 31, \overline{X}_M = 253g, S_M^2 = 8g^2$ ；

$n_K = 41, \overline{X}_K = 245g, S_K^2 = 4g^2$ 。以 $\alpha = 0.05$ 檢定之。

解

STEP 1▶ 麥當勞宣稱 $\sigma_M^2 < \sigma_K^2$ 。相反假設為 $\sigma_M^2 > \sigma_K^2$ 。

　　　　先擇欲接受放 H_1 ；另一欲推翻 H_0

　　　　$\because S_M^2 = 5g^2 > \ \ S_K^2 = 4g^2$ ，手邊數據傾向「$\sigma_M^2 > \sigma_K^2$」，放在 H_1 。

$$\left[\begin{array}{l} H_0 : \sigma_M^2 \le \sigma_K^2 \\ H_1 : \sigma_M^2 > \sigma_K^2 \end{array}\right.$$

$$\left[\begin{array}{l} H_0 : \sigma_M^2 / \sigma_K^2 \le 1 \\ H_1 : \sigma_M^2 / \sigma_K^2 > 1 \end{array}\right.$$

STEP 2▶ 找到樣本統計量 $\dfrac{S_M^2}{S_K^2} \sim$

$$\frac{\sigma_M^2}{\sigma_K^2} \quad \rightarrow \quad \frac{S_M^2}{S_K^2} \quad \rightarrow \quad \frac{\dfrac{(n_M - 1) \times S_M^2}{\sigma_M^2} \sim \chi_{(30)}^2}{\dfrac{(n_K - 1) \times S_K^2}{\sigma_K^2} \sim \chi_{(40)}^2} \quad \rightarrow \quad \frac{\chi_{(30)}^2 / 30}{\chi_{(40)}^2 / 40} = F_{(30,40)}$$

STEP 3▶ 用 $F_{(30,40)}$ 畫 H_0 與 H_1

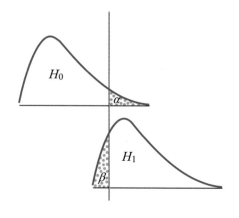

STEP 4▶ 根據顯著水準找到臨界點（Critical Point；CP）

在 H_0 與 H_1 中間用一條「準則線」將之分開。

「準則線」取在 H_0 右尾機率 $\alpha = 0.05$ 的位置。查 F 表右尾機率 0.05。

• $= cp = F(30, 40; 0.05) = 1.74$

STEP 5▶ 下決策

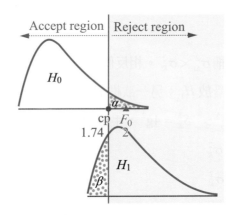

$$\blacktriangle = F_0 = \frac{\chi^2_{(30)} / 30}{\chi^2_{(40)} / 40} = \frac{\dfrac{(31-1) \times S_M^2}{\sigma_M^2} / 30}{\dfrac{(41-1) \times S_K^2}{\sigma_K^2} / 40} = \frac{S_M^2}{\sigma_M^2} \times \frac{\sigma_K^2}{S_K^2} = \frac{S_M^2}{S_K^2} \times \frac{\sigma_K^2}{\sigma_M^2} = \frac{8}{4} \times \frac{\sigma_K^2}{\sigma_M^2} = 2 \times 1 = 2$$

• $= cp = 1.74 < \blacktriangle = F_0 = 2$

拒絕 $H_0 : \sigma_M^2 \leq \sigma_K^2$，即接受 $H_1 : \sigma_M^2 > \sigma_K^2$（線右，冒 α 風險，明確語氣）

麥當勞大薯重量的變異確實大於肯德基大薯重量的變異。其宣稱不屬實。

範例 19-3

假設檢定完整範例：🐰 與 🐸 跳遠比賽。

兔子（Rabbit）宣稱跳遠距離贏過青蛙（Frog）。欲檢測是否屬實：

$n_R = 41, \overline{X}_R = 30cm, S_R^2 = 6cm^2$ ；$n_F = 31, \overline{X}_F = 25cm, S_F^2 = 8cm^2$，以 $\alpha = 0.05$ 檢定之。

請先檢定 $\sigma_R^2 = \sigma_F^2$ 嗎？，再檢定 $\mu_R > \mu_F$ 嗎？

解

◀ 先檢定 $\sigma_R^2 = \sigma_F^2$ 嗎？ ▶

STEP 1▶

$$\begin{bmatrix} H_0 : \sigma_R^2 = \sigma_F^2 \\ H_1 : \sigma_R^2 \neq \sigma_F^2 \end{bmatrix} \quad \begin{bmatrix} H_0 : \sigma_R^2 / \sigma_F^2 = 1 \\ H_1 : \sigma_R^2 / \sigma_F^2 \neq 1 \end{bmatrix}$$

STEP 2▶ 找到樣本統計量 $\dfrac{S_R^2}{S_F^2} \sim$

$$\frac{\sigma_R^2}{\sigma_F^2} \quad \rightarrow \quad \frac{S_R^2}{S_F^2} \quad \rightarrow \quad \frac{\dfrac{(n_R-1)\times S_R^2}{\sigma_R^2} \sim \chi^2_{(40)}}{\dfrac{(n_F-1)\times S_F^2}{\sigma_F^2} \sim \chi^2_{(30)}} \quad \rightarrow \quad \frac{\chi^2_{(40)}/40}{\chi^2_{(30)}/30} = F_{(40,30)}$$

STEP 3▶ 用 $F_{(40,30)}$ 畫 H_0 與 H_1

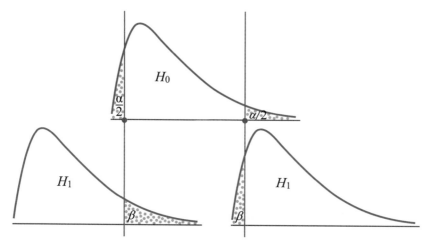

STEP 4▶ 根據顯著水準找到臨界點（Critical Point；CP）

在 H_0 與 H_1 間用「準則線」將之分開。

「準則線」取在 H_0 左右兩尾機率 $\alpha/2 = 0.025$ 的位置。

● $= cp_1 = F(40,30;0.975) = \dfrac{1}{F(30,40;0.025)} = \dfrac{1}{1.94} = 0.52$

● $= cp_2 = F(40,30;0.025) = 2.01$

STEP 5 ▶ 下決策

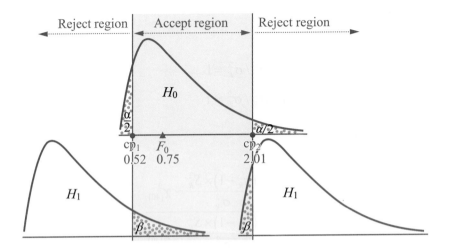

$$\blacktriangle = F_0 = \frac{\chi^2_{(40)}/40}{\chi^2_{(30)}/30} = \frac{\dfrac{(41-1)\times S_R^2/40}{\sigma_R^2}}{\dfrac{(31-1)\times S_F^2/30}{\sigma_F^2}} = \frac{\dfrac{S_R^2}{\sigma_R^2}}{\dfrac{S_F^2}{\sigma_F^2}} = \frac{S_R^2}{S_F^2}\times\frac{\sigma_F^2}{\sigma_R^2} = \frac{6}{8}\times\frac{\sigma_F^2}{\sigma_R^2} = 0.75\times1 = 0.75$$

不拒絕 $H_0:\sigma_R^2/\sigma_F^2=1$，即 $\sigma_R^2=\sigma_F^2$（落在兩線中間之接受域，冒 β 風險，採保守語氣）

兔子（Rabbit）跳遠距離變異可能與青蛙（Frog）跳遠距離變異相同，$\sigma_R^2=\sigma_F^2$。

∵ σ_R^2 與 σ_F^2 未知，$\sigma_R^2=\sigma_F^2$

∴用 s_{pool}^2 來代替 σ_R^2 與 σ_F^2

◀ 再檢定 $\mu_R > \mu_F$ 嗎？▶

STEP 1 ▶ 兔子宣稱 $(\mu_R - \mu_F) > 0$。相反為 $(\mu_R - \mu_F) < 0$。

先擇欲接受放 H_1；另一欲推翻放 H_0

$\because (\overline{X}_A - \overline{X}_B) = (30 - 25) = 5 > 0$，手邊數據傾向「$(\mu_R - \mu_F) > 0$」，放在

H_1，「=」可擺在 H_0

$\begin{array}{ll} H_0 : (\mu_R - \mu_F) \le 0 & \quad 等同於 \quad H_0 : \mu_R \le \mu_F \\ H_1 : (\mu_R - \mu_F) > 0 & \quad 等同於 \quad H_1 : \mu_R > \mu_F \end{array}$

STEP 2 ▶ 找到樣本統計量 $(\overline{X}_R - \overline{X}_F) \sim$

$\because$ 求 $(\mu_R - \mu_F)$ 的假設檢定 $\quad \therefore$ 需找到 $(\overline{X}_R - \overline{X}_F) \sim$

先分別判斷 $\overline{X}_R \sim$ 與 $\overline{X}_F \sim$

$X_R \sim ?\left(\mu_R = ?, \sigma_R^2 = ? \right)$ $\qquad\qquad X_F \sim ?\left(\mu_F = ?, \sigma_F^2 = ? \right)$

$\overline{X}_R \overset{C.L.T}{\underset{n \ge 30}{\sim}} N\left(\mu_R = ?, \dfrac{\sigma_R^2}{n_R} = \dfrac{?}{41} \right)$ $\qquad \overline{X}_F \overset{C.L.T}{\underset{n \ge 30}{\sim}} N\left(\mu_F = ?, \dfrac{\sigma_F^2}{n_F} = \dfrac{?}{31} \right)$

再運用常態分配具加法，得

$(\overline{X}_R - \overline{X}_F) \sim N\left(\mu_R - \mu_F, \dfrac{\sigma_R^2}{n_R} + \dfrac{\sigma_F^2}{n_F} \right)$

$\sim N\left(\mu_R - \mu_F, \dfrac{?}{41} + \dfrac{?}{31} \right)$

STEP 3 ▶ 畫 $(\overline{X}_R - \overline{X}_F) \sim N\left(\mu_R - \mu_F, \dfrac{\sigma_R^2}{n_R} + \dfrac{\sigma_F^2}{n_F} \right)$

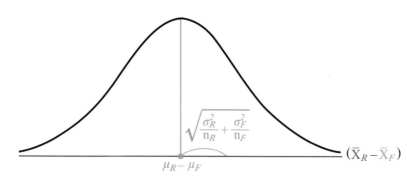

$\sqrt{\dfrac{\sigma_R^2}{n_R} + \dfrac{\sigma_F^2}{n_F}}$

$(\overline{X}_R - \overline{X}_F)$

$\mu_R - \mu_F$

STEP 4 畫 H_0 與 H_1 常態分佈圖

以常態中心點（$\mu_R - \mu_F$）靠左、居中或靠右。

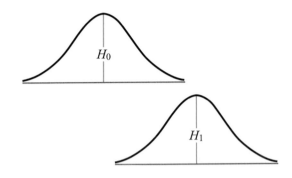

$H_0 : (\mu_R - \mu_F) \leq 0$ 常態中心點 $\mu_M - \mu_K$ 在數線左邊。

$H_1 : (\mu_R - \mu_F) > 0$ 常態中心點 $\mu_M - \mu_K$ 在數線右邊。

STEP 5 根據顯著水準找到臨界點（Critical Point；CP）

在 H_0 與 H_1 中間用一條「準則線」將之分開。

「準則線」取在 H_0 右尾機率 $\alpha = 0.05$ 的位置

$$\bullet = cp = (\mu_R - \mu_F) + Z \times \sqrt{\frac{\sigma_M^2}{n_M} + \frac{\sigma_K^2}{n_K}}$$

$\because \sigma_M^2$ 與 σ_K^2 未知，但是 $\sigma_M^2 = \sigma_K^2$

$$= 0 + 1.645 \sqrt{\frac{?}{41} + \frac{?}{31}}$$

$s_M^2 \neq s_K^2$ 兩數，來代替 $\sigma_M^2 = \sigma_K^2$ 兩數，不合理

$$= (\mu_R - \mu_F) + t_{(df)} \times \sqrt{\frac{s_{pool}^2}{n_M} + \frac{s_{pool}^2}{n_K}}$$

$\therefore$ 用 s_{pool}^2 來代替，

$$s_{pool}^2 = \frac{(n_M - 1)s_M^2 + (n_K - 1)s_K^2}{n_M + n_K - 2} = 6.86$$

$$= 0 + 1.645 \times \sqrt{\frac{6.86}{41} + \frac{6.86}{31}}$$

S^2 代替 σ^2 時，改用 t 分配。 $t_{(df = n_M + n_K - 2)} = t_{(70)}$

$$= 1.025$$

STEP 6 ▶ 　下決策

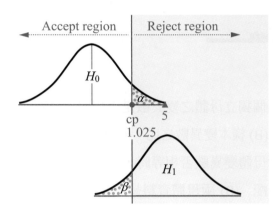

$\bullet = cp = 1.025 < \blacktriangle = \left(\overline{X}_R - \overline{X}_F \right) = 30 - 25 = 5$ （落在線右，冒 $\alpha = 0.05$ 風險）

拒絕 $H_0 : \left(\mu_R - \mu_F \right) \le 0$，即接受 $H_1 : \mu_R - \mu_F > 0$

兔子跳遠距離確實大於青蛙跳遠距離。

一、選擇題

(　　) 1. 檢定兩個獨立母體之變異數是否相同,常看何統計量? (A) 樣本變異數之差 (B) 樣本變異數之比 (C) 樣本平均數之差 (D) 樣本平均數之比。

(　　) 2. 檢定兩母體變異數否相等時,我們需要何種假設? (A) 兩母體資料皆為常態分配 (B) 兩母體資料皆為 t 分配 (C) 兩母體平均值相等 (D) 不需任何假設。

二、計算題

1. 花綸認為:日本鯛魚燒每個重量都僅些微差距,而台灣車輪餅大小顆差異較大。

即認為「日本鯛魚燒重量變異數 (σ_J^2) 小於台灣車輪餅重量變異數 (σ_T^2)」。假設重量均為常態分配,欲檢測真假,隨機抽 21 個日本鯛魚燒,得平均重量 205g,變異數 $16g^2$。抽 31 個台灣車輪餅,得平均重量 180g,變異數 $25g^2$。以 $\alpha = 0.05$ 檢定之。

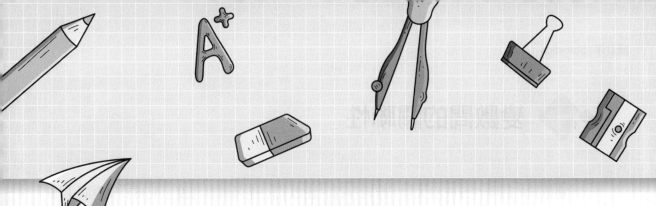

Chapter

20

簡單迴歸分析

一、變數間的關聯性

二、建立簡單迴歸模式

三、估計簡單迴歸模式參數

四、簡單迴歸分析的基本假設

五、判斷簡單迴歸模式可用性

六、進行預測

PART 6 ▶ **預測篇**

◆一 變數間的關聯性

變數間的關聯性分成兩大類：若純粹探討變數間的強弱關聯程度，則屬於變數間「相關分析」。若探討變數間的因果關聯程度，則屬於「迴歸分析」。換言之，變數間存在相關關係，不一定是因果關係。

(一) 相關分析

相關分析（Correlation Analysis）主要探究變數間的相關程度高低與相關方向。可利用「散佈圖（Scatter Diagram）」或「相關係數（Correlation Coefficient；r 值）」來了解變數間的相關程度。

「散佈圖」是繪圖觀察變數間的相關程度與方向。將 X 變數標示於橫座標，Y 變數標示於縱座標，將（X,Y）各點繪在二維座標上，觀察其散佈狀況。兩變數間之關係：

1. 若 X 增加 Y 同時也增加，或 X 減少 Y 亦減少，稱為 X 與 Y 有正相關（Positive Relationship）。
2. 若 X 減少 Y 反而增加，或 X 增加 Y 反而減少，稱為 X 與 Y 有負相關（Negatiue Relationship）。
3. 若散佈圖中的點呈現近水平狀或看不出任何特殊圖形，稱為 X 與 Y 無關（No Relationship）。如下圖所示。

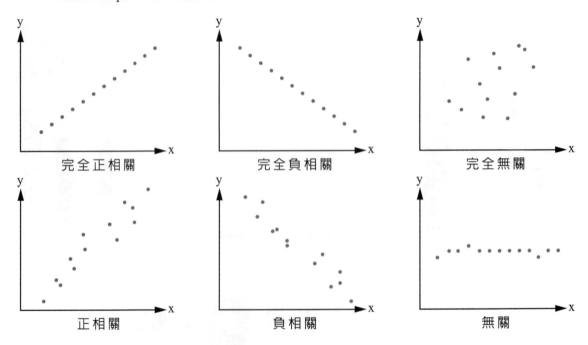

「相關係數」是用數值說明變數間的相關程度與方向。相關係數 r 值介在 -1 與 +1 之間。正相關時，r 值在 0 和 1 之間，是斜向上的散佈圖，此時一個變數增加，另一個變數也增加；負相關時，r 值在 -1 和 0 之間，是斜向下的散佈圖，此時一個變數增加，另一個變數將減少。r 的絕對值越接近 1，兩變數的關聯程度越強；r 的絕對值越接近 0，兩變數的關聯程度越弱。r = +1 稱為完全正相關；r = -1 稱為完全負相關；r = 0 則表示兩變數完全無關。相關係數 r 公式如下：

$$r = \frac{cov(x, y)}{s_x s_y} = \frac{\sum (x - \bar{x})(y - \bar{y})}{\sqrt{\sum (x - \bar{x})^2}\sqrt{\sum (y - \bar{y})^2}}$$

「相關係數」數值高低可細分為：高度相關、中度相關、低度相關，如下所述。

(1)　　　　$r = -1$　　　　X 與 Y 為完全負相關

(2)　　$-1 < r \leq -0.7$　　X 與 Y 為高度負相關

(3)　　$-0.7 < r \leq -0.3$　　X 與 Y 為中度負相關

(4)　　$-0.3 < r < 0$　　X 與 Y 為低度負相關

(5)　　　　$r = 0$　　　　X 與 Y 為完全無相關

(6)　　$0 < r < 0.3$　　X 與 Y 為低度正相關

(7)　　$0.3 \leq r < 0.7$　　X 與 Y 為中度正相關

(8)　　$0.7 \leq r < 1$　　X 與 Y 為高度正相關

(9)　　　　$r = 1$　　　　X 與 Y 為完全正相關

高度	中度	低度	低度	中度	高度

-1	-0.7	-0.3	0	$+0.3$	$+0.7$	$+1$
完全負相關			完全無相關			完全正相關

範例 **20-1**

小丸子收集巷口電器公司之 10 天廣告次數與電視銷售台數資料，如下表：

1. 請繪製「散佈圖」，觀察廣告次數與電視銷售台數有何關係？
2. 請計算出「相關係數」r 值，觀察廣告次數與電視銷售台數關係強弱？

	一天廣告次數	電視銷售台數
第 1 天	10	32
第 2 天	12	44
第 3 天	15	50
第 4 天	8	26
第 5 天	16	53
第 6 天	14	52
第 7 天	15	45
第 8 天	18	60
第 9 天	12	46
第 10 天	20	62

解 1. 散佈圖斜向上，具正相關

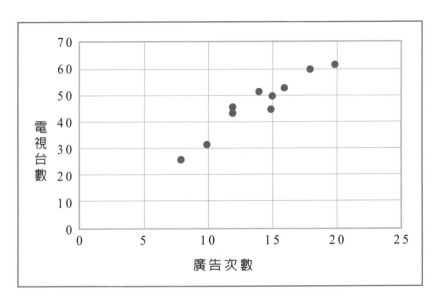

2. 相關係數

no	x	y	$\bar{x}$	$\bar{y}$	$x-\bar{x}$	$y-\bar{y}$	$(x-\bar{x})^2$	$(y-\bar{y})^2$	$(x-\bar{x})(y-\bar{y})$
1	10	32	14	47	-4	-15	16	225	60
2	12	44	14	47	-2	-3	4	9	6
3	15	50	14	47	1	3	1	9	3
4	8	26	14	47	-6	-21	36	441	126
5	16	53	14	47	2	6	4	36	12
6	14	52	14	47	0	5	0	25	0
7	15	45	14	47	1	-2	1	4	-2
8	18	60	14	47	4	13	16	169	52
9	12	46	14	47	-2	-1	4	1	2
10	20	62	14	47	6	15	36	225	90
sum	140	470					118	1144	349
average	14	47							

$$r = \frac{cov(x,y)}{s_x s_y} = \frac{\sum(x-\bar{x})(y-\bar{y})}{\sqrt{\sum(x-\bar{x})^2}\sqrt{\sum(y-\bar{y})^2}} = \frac{349}{\sqrt{118}\sqrt{1144}} = 0.95$$

∵ r = 0.95 ≈ +1 ∴廣告次數與電視銷售台數具高度正相關。

∵沒有檢定「自變項」對「依變項」因果影響，

∴不能解讀為廣告次數對電視銷售台數有因果影響。

(二) 迴歸分析

迴歸分析（Regression Analysis）之主要探究變數間的因果關聯程度。以數學方程式來表達一個或數個自變數（Independent Variable）和一個因變數（Dependent Variable）間的關係，此方程式可解釋或預測因變數之值。換句話說，迴歸分析是建立因變數 Y（或稱依變數，反應變數）與自變數 X（或稱獨立變數，解釋變數）之間關係的模型。因變數 Y 與自變數 X 以數學方程式或函數表示關係，稱為迴歸模式。

迴歸分析可以分為簡單迴歸（Simple Regression）和複迴歸或多元迴歸（Multiple Regression），簡單迴歸是用來探討 1 個因變數和 1 個自變數的關係，複迴歸（多元迴歸）是用來探討 1 個因變數和多個自變數的關係。

簡單迴歸與複迴歸的例子如下：

簡單迴歸　　月薪 (Y)= 25,000 ，000+1.5×智商 (X)+ ε 。

複迴歸　　　房租 (Y)= 4,500 ，500+1.2×坪數 (X_1)-0.2×離學校距離 (X_2)+ ε 。

 建立簡單迴歸模式

倘若自變數 X 與因變數 Y 間存在因果關係，成對資料 (X_i, Y_i) 可表示成下列簡單迴歸模式：

簡單迴歸模式：

$$Y_i = \beta_0 + \beta_1 X_i + \varepsilon_i$$

Y_i ：第 i 個觀測值
X_i ：第 i 個觀測值之自變數值
β_0 ：常數，是直線的截距
β_1 ：迴歸係數，是直線的斜率
ε_i ：第 i 個觀測值之誤差

 估計簡單迴歸模式參數

簡單迴歸模式中 β_0 與 β_1 是欲估算的參數。利用最小平方法（Least Squares Method）可以決定與觀測值最適配之直線迴歸模式。所謂最小平方法陳述如下：

	母體	樣本
迴歸模式	$Y_i = \beta_0 + \beta_1 X_i + \varepsilon_i$	$Y_i = b_0 + b_1 X_i + e_i$
迴歸方程式	$\widehat{Y}_i = \beta_0 + \beta_1 X_i$	$\widehat{Y}_i = b_0 + b_1 X_i$

樣本迴歸方程式 $\widehat{Y}_i = b_0 + b_1 X_i$，$\widehat{Y}$（^唸 hat）為在特定之 X_i 值下之 Y_i 估計值的平均。最小平方法（Least Squares Principle）乃利用實際 Y_i 值與預測 $\widehat{Y}_i$ 值之間垂直距的平方和最小化，即 $\min \sum e^2$，可找出 b_0 與 b_1 之公式，使得 b_0 與 b_1 分別為 β_0 與 β_1 之不偏估計值。

$$\min \sum e^2 = \min \sum \left(Y_i - \widehat{Y}_i\right)^2$$

$$= \min \sum \left(Y_i - (b_0 + b_1 X_i)\right)^2$$

對 b_0 與 b_1 偏微分，令微分方程式等於零，聯立求得 b_0 與 b_1：

$$b_1 = \frac{SS_{XY}}{SS_X} = \frac{\sum (X_i - \bar{X})(Y_i - \bar{Y})}{\sum (X_i - \bar{X})^2} = \frac{n\sum XY - \sum X \sum Y}{n\sum X^2 - (\sum X)^2}$$

$$b_0 = \bar{Y} - b_1 \bar{X}$$

範例 20-2

花綸告訴小丸子：電器公司為增加電視機銷售業績，會投入廣告來做促銷。收集電器公司 10 天的廣告次數與電視機銷售台數資料（如範例 20-1 所示）：

1. 何者為自變數？何者為因變數？
2. 迴歸方程式為何？

 1. 廣告次數為自變數（X），電視機銷售台數為因變數（Y）

2.

no	x	y	$\bar{x}$	$\bar{y}$	$x-\bar{x}$	$y-\bar{y}$	$(x-\bar{x})^2$	$(y-\bar{y})^2$	$(x-\bar{x})(y-\bar{y})$
1	10	32	14	47	-4	-15	16	225	60
2	12	44	14	47	-2	-3	4	9	6
3	15	50	14	47	1	3	1	9	3
4	8	26	14	47	-6	-21	36	441	126
5	16	53	14	47	2	6	4	36	12
6	14	52	14	47	0	5	0	25	0
7	15	45	14	47	1	-2	1	4	-2
8	18	60	14	47	4	13	16	169	52
9	12	46	14	47	-2	-1	4	1	2
10	20	62	14	47	6	15	36	225	90
sum	140	470					118	1144	349
average	14	47							

$$b_1 = \frac{SS_{XY}}{SS_X} = \frac{\sum(X_i - \bar{X})(Y_i - \bar{Y})}{\sum(X_i - \bar{X})^2} = \frac{349}{118} = 2.9576$$

$$b_0 = \bar{Y} - b_1\bar{X} = 47 - 2.9576 \times 14 = 5.5936$$

∴ 迴歸方程式　$\widehat{Y} = 5.593 + 2.958X$

即　電視機銷售台數 $= 5.593 + 2.958 \times$ 廣告次數

如 X=19(次) $\rightarrow \widehat{Y} = 5.593 + 2.958 \times 19 \doteq 62($ 台 $)$

四　簡單迴歸分析的基本假設

在使用迴歸分析前，必須確認資料符合迴歸分析的基本假設。誤差項 ε_i 彼此獨立（Independent）且服從（~）完全相同的（Identical）常態分配，其平均數為 0 和變異數為 σ^2 亦即 $\varepsilon_i \overset{iid}{\sim} N(0,\sigma^2)$，否則，會導致統計推論偏誤的發生，降低統計的檢定力。說明如下：

1. 線性關係

    依變數（Y）和自變數（X）之間的關係必須是線性。

2. 誤差項的常態性（Normality）

    誤差項呈現常態分配 （Normal Distribution）， $\varepsilon_i \sim Normal$ 。若將樣本資料繪製直方圖（Histogram）會呈常態型狀，或繪製誤差項常態機率圖（Normal Probability Plot of Residual）會呈現對角直線。

3. 誤差項的獨立性（Independent）

    誤差項與誤差項之間沒有相互關係， $\text{cov}(\varepsilon_i, \varepsilon_j) = 0, \forall i \neq j$ 。我們可以藉由殘差（Residuals）圖形分析來檢查。

4. 誤差項的期望值為零

    誤差項平均數為 0， $\text{E}(\varepsilon_i) = 0$ 。

5. 誤差項的變異數相等（Homoscedasticity）

    誤差項變異數均相等 $\text{V}(\varepsilon_i) = \sigma^2$ 。

◆五 判斷簡單迴歸模式可用性

找到迴歸直線後，需判斷迴歸方程式是否可用（統計上稱爲「顯著」），即 X 對預測 Y 提供了有用的資訊。有下列 4 種判斷方式：

方式 1. 由散佈圖形判定（限簡單迴歸模式）

由散佈圖大致可看出自變數與因變數間的關係。資料點散佈在迴歸方程式附近，表示迴歸模式越可用。

方式 2. 對迴歸式 ANOVA 的 F 檢定

用 ANOVA 來檢定 X 與 Y 之間是否有顯著之線性關係。檢定程序如下列 5 個步驟：

STEP 1 ▶ 假設：$\varepsilon_i \overset{iid}{\sim} N(0, \sigma^2)$

STEP 2 ▶ H_0：X 與 Y 之間沒有迴歸直線關係

H_1：X 與 Y 之間具有迴歸直線關係

STEP 3 ▶ 建立 ANOVA 表

ANOVA

變異來源	平方和 SS	自由度 df	均方 MS	F
迴歸（R）	$SSR = \sum \left(\hat{y}_i - \bar{y}\right)^2$	1	$MSR = \dfrac{SSR}{1}$	F=MSR/MSE
誤差（E）	$SSE = \sum \left(y_i - \hat{y}_i\right)^2$	n-2	$MSE = \dfrac{SSE}{n-2} = \hat{\sigma}^2$	
總和（T）	$SST = \sum \left(y_i - \bar{y}\right)^2$	n-1		

STEP 4 ▶ 繪圖找臨界點 $F_{\alpha(1, n-2)}$

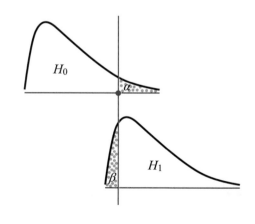

STEP 5▶ 下結論

若 $F = \dfrac{MSR}{MSE} < F_{\alpha(1,n-2)}$，則落在接受域。不拒絕 H_0：X 與 Y 之間沒有迴歸直線關係。

若 $F = \dfrac{MSR}{MSE} \geq F_{\alpha(1,n-2)}$，則落在拒絕域。拒絕 H_0，接受 H_1：X 與 Y 之間具有迴歸直線關係。

方式 3. 判定係數（Coefficient of Determination）

決定係數 R^2 是用來解釋線性迴歸模式的適配度（Goodness of Fit）。R^2 是迴歸可解釋的 Y 總變異量的百分比。即代表依變數（Y）被自變數（X）所解釋的比例。

$$r^2 = \frac{SSR}{SST} \qquad 0 \leq r^2 \leq 1$$

∵根據以下的變異數分解：

總變異量 = 迴歸可解釋的變異量 + 其他因素解釋的變異量

SST = SSR + SSE

$$\sum (y_i - \bar{y})^2 = \sum (\hat{y}_i - \bar{y})^2 + \sum (y_i - \hat{y}_i)^2$$

SST 總變異量固定，SSR 越多 SSE 必越少。

∴ r^2 值越近 1 越好。

方式 4. 對迴歸係數 β_1 的 t 檢定

若 X 與 Y 之間完全無關（即 X 無法去預測 Y 值），則迴歸方程式：$\hat{Y}_i = \beta_0 + \beta_1 X_i$ 中 $\beta_1 = 0$。因此，必須檢定迴歸係數 β_1 是否為 0。假如 $H_0 : \beta_1 = 0$ 被拒絕，則可以下結論：有足夠的證據顯示「X 與 Y 之間有顯著之線性關係」或「X 可以預測 Y 值」。用 t 檢定檢定 X 與 Y 之間是否有顯著之線性關係。檢定程序如下列 5 個步驟：

STEP 1▶ 假設：$\varepsilon_i \overset{iid}{\sim} N(0, \sigma^2)$

STEP 2▶ $\begin{cases} H_0 : \beta_1 = 0 \\ H_1 : \beta_1 \neq 0 \end{cases}$

STEP 3▶ $b_1 \sim N(\beta_1, \dfrac{\sigma^2}{\sum (X_i - \bar{X})^2})$

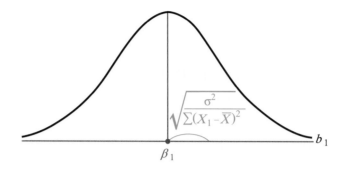

STEP 4 ▶ 畫 H_0 與 H_1 常態分佈圖

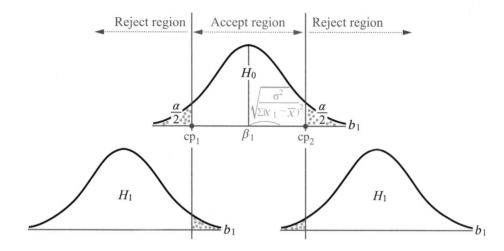

STEP 5 ▶ 根據顯著水準找到臨界點（Critical Point；CP）

在 H_0 與 H_1 中間用兩條「準則線」將之分開。

「準則線」取在 H_0 左右尾機率 $\frac{\alpha}{2}$ 的位置

$$\bullet = cp_1 = \beta_1 - Z \times \sqrt{\frac{\sigma^2}{\sum \left(X_i - \overline{X}\right)^2}} = \beta_1 - t_{(n-2)} \times \sqrt{\frac{MSE}{\sum \left(X_i - \overline{X}\right)^2}}$$

$$\bullet = cp_2 = \beta_1 + Z \times \sqrt{\frac{\sigma^2}{\sum \left(X_i - \overline{X}\right)^2}} = \beta_1 + t_{(n-2)} \times \sqrt{\frac{MSE}{\sum \left(X_i - \overline{X}\right)^2}}$$

STEP 6 ▶ 下決策

若 $cp_1 < b_1 < cp_2$，則不拒絕（接受）$H_0 : \beta_1 = 0$，迴歸式不能用

若 $b < cp_1$ 或 $b > cp_2$，則拒絕 H_0 即接受 $H_1 : \beta_1 \neq 0$，迴歸式可拿來預測 Y

範例 20-3

在範例 20-2 中，小丸子用收集到的 10 天廣告次數與電視銷售台數資料，計算出迴歸方程式 $\hat{Y} = 5.588 + 2.958X$。請問可用此迴歸方程式，若代入廣告次數可預測銷售電視台數嗎？試問：

1. 由散佈圖形，判定迴歸線可用嗎？

2. 由迴歸式 ANOVA 的 F 檢定，判定迴歸線可用嗎？

3. 由對迴歸係數 β_1 的 t 檢定，判定迴歸線可用嗎？

4. 由判定係數 γ^2 值，判定迴歸線可用嗎？

5. 請計算相關係數 γ，解釋相關係數的強度。

6. 由 2. 的「$F_{\alpha(1,n-2)}$ 值」與 3. 的「$t_{(n-2)}$ 值」，你發現什麼關係？

解 1. 由散佈圖形與迴歸式 $\hat{Y} = 5.593 + 2.958X$

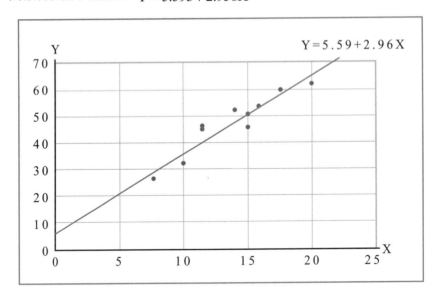

散佈點在迴歸式 $\hat{Y} = 5.593 + 2.958X$ 附近，迴歸線可用。

2. 迴歸式 ANOVA 的 F 檢定

STEP 1 ▶ 假設：$\varepsilon_i \overset{iid}{\sim} N(0, \sigma^2)$

STEP 2 ▶ $\begin{cases} H_0：X 與 Y 之間沒有迴歸直線關係 \\ H_1：X 與 Y 之間具有迴歸直線關係 \end{cases}$

STEP 3 ▶ 建立 ANOVA 表

no	x	y	$\bar{x}$	$\bar{y}$	$\hat{y} = 5.593 + 2.958x$	$(y_i - \bar{y})^2$	$(\hat{y}_i - \bar{y})^2$	$(y_i - \hat{y}_i)^2$
1	10	32	14	47	35.173	225	140	10
2	12	44	14	47	41.089	9	35	8
3	15	50	14	47	49.963	9	9	0
4	8	26	14	47	29.257	441	315	11
5	16	53	14	47	52.921	36	35	0
6	14	52	14	47	47.005	25	0	25
7	15	45	14	47	49.963	4	9	25
8	18	60	14	47	58.837	169	140	1
9	12	46	14	47	41.089	1	35	24
10	20	62	14	47	64.753	225	315	8
sum	140	470				1144	1032	112
average	14	47						

ANOVA

	SS	df	MS	F	顯著值
迴歸（R）	1032	1	1032	73.869	0.000026
殘差（E）	112	8	14		
總和（T）	1144	9			

STEP 4 ▶ $\alpha = 0.05$，繪圖找臨界點 $F_{0.05(1,8)}$

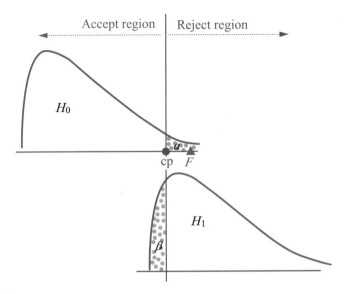

STEP 5 ▶ 下結論

$\because ▲ = F = 73.869 \geq • = F_{\alpha=0.05(1,8)} = 5.52$ 則落在拒絕域。

$\therefore$ 拒絕 H_0，接受 H_1：X 與 Y 之間具有迴歸直線關係，迴歸線可用。

3. 對迴歸係數 β_1 的 t 檢定

STEP 1 ▶ 假設：$\varepsilon_i \overset{iid}{\sim} N(0, \sigma^2)$

STEP 2 ▶ $\begin{cases} H_0 : \beta_1 = 0 \\ H_1 : \beta_1 \neq 0 \end{cases}$

STEP 3 ▶ $b_1 \sim N(\beta_1, \dfrac{\sigma^2}{\sum (X_i - \bar{X})^2})$

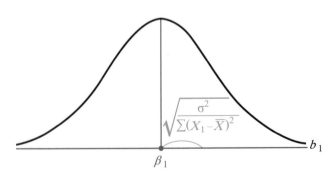

STEP 4 ▶ $\alpha = 0.05$，畫 H_0 與 H_1 常態分佈圖

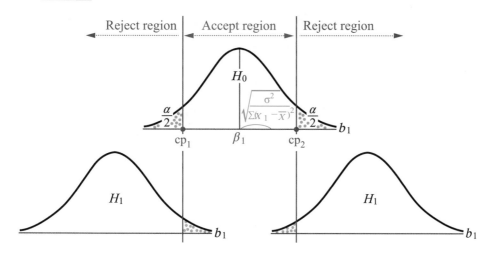

STEP 5 ▶ 根據顯著水準找到臨界點（Critical Point；CP）

在 H_0 與 H_1 中間用兩條「準則線」將之分開。

「準則線」取在 H_0 左右尾機率 $\dfrac{\alpha}{2} = 0.025$ 的位置

∵ 母體 σ^2 未知，用樣本 MSE 代入，Z 分配換成 t 分配，自由度為 MSE 的自由度。

$$cp_1 = \beta_1 - Z \times \sqrt{\frac{\sigma^2}{\sum\left(X_i - \bar{X}\right)^2}} = \beta_1 - t_{(n-2)} \times \sqrt{\frac{MSE}{\sum\left(X_i - \bar{X}\right)^2}} = 0 - t_{0.025(8)} \times \sqrt{\frac{14}{118}} = -0.79$$

$$cp_2 = \beta_1 + Z \times \sqrt{\frac{\sigma^2}{\sum\left(X_i - \bar{X}\right)^2}} = \beta_1 + t_{(n-2)} \times \sqrt{\frac{MSE}{\sum\left(X_i - \bar{X}\right)^2}} = 0 + t_{0.025(8)} \times \sqrt{\frac{14}{118}} = +0.79$$

STEP 6 ▶ 下決策

∵ $b_1 = 2.958 > cp_2 = 0.79$

∴ 拒絕 H_0 即接受 $H_1 : \beta_1 \neq 0$，迴歸式可拿來預測 Y。

4. 判定係數 γ^2

$$r^2 = \frac{SSR}{SST} = \frac{1032}{1144} = 0.902$$

表銷售量的變異中，電視銷售台數的變異有 90.2% 可以由廣告次數來解釋

5. 請計算相關係數 γ ，解釋相關係數的強度。

$\because$ 相關係數 $r = \sqrt{r^2} = \sqrt{0.902} = \pm 0.95$

"＋" 或 "－" 符號則與斜率 b_1 同。

$\therefore r = +0.95$

6. 由 2. 的「$F_{\alpha(1,n-2)}$ 值」與 3. 的「$t_{(n-2)}$ 值」，你發現什麼關係？

$F_{\alpha=0.05(1,8)} = 5.52$

$t_{0.025(8)} = 2.306$

$2.306^2 = 5.52$

迴歸的 ANOVA 之 F 檢定與 t 檢定存在關係為：$F_{(1,n-2)} = t^2_{(n-2)}$

 六 進行預測

迴歸分析經常用在「解釋」和「預測」，在「解釋」方面，從取得的樣本，計算出迴歸的方程式，若判定迴歸方程式可用，即可透過迴歸方程式得知自變數對依變數的影響力（貢獻）。

在「預測」方面，若判定迴歸方程式 $\hat{Y}_i = b_0 + b_1 X_i$ 可用時，代入自變數 (X_i) 可預測依變數 $(\hat{Y})$ 值。因此，使用迴歸分析來預測依變數，但自變數 (X_i) 可帶入數值僅限於樣本 X_{min} 與 X_{max} 之間，因為範圍外並不保證迴歸方程式可用。

範例 20-4

在範例 20-3 中，小丸子已確定迴歸方程式 $\hat{Y} = 5.593 + 2.958X$ 可用。請問
1. 廣告 13 次，預測銷售電視台數為何？
2. 廣告 25 次，預測銷售電視台數為何？

解 1. $\because X = 13$ 落在 $(8,20)$ 範圍內

$\therefore \hat{Y} = 5.593 + 2.958X \doteqdot 44$ （台）

2. $\because X = 25$ 落在 $(8,20)$ 範圍外

$\therefore$ 不能預測。

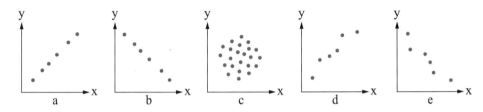

一、選擇題　（＊為複選題）

(　) 1. 相關係數 r 介於？　(A) –0.01 至 +0.01　(B) –0.1 至 +0.1　(C) –0.5 至 +0.5　(D) –1 至 +1。

(　) 2. 下面五個散布圖中的相關係數由小到大次序？

(A) e< b<c < a<d　(B) a< d< c< b<e　(C) a<e<b<c<d　(D) b<e< c< d< a。

(　) 3. 何謂 R^2？　(A) 相關係數　(B) 判定係數　(C) 迴歸係數。

(　) 4. $Y_i = a + bX_i + \varepsilon_i$，請問 X_i 是指？　(A) 依變數　(B) 自變數　(C) 變異數　(D) 應變數。

(　) 5. 判定係數 R^2 越大表示：總變異量中，由迴歸線變異所解釋的比例？
(A) 越大　(B) 越小　(C) 不變。

(　) 6. 簡單線性迴歸模型中，利用何種方法解得其參數估計？　(A) 最大平方法　(B) 最小平方法　(C) 最小立方法。

(　) 7. 假設每天進入書店的人數 (百人)(X) 與賣出書本數 (百本)(Y) 之間的關係如下 Y=5.6 + 0.2X。如果今天有 200 人進入書店，請問書店賣出買幾本書？　(A) 600 本　(B) 60 本　(C) 6000 本　(D) 6 本。

(　) 8. 芒果在年雨量 700-2000mm 的地區生長良好。若今年雨量為 1600mm，且芒果產量 (噸)(Y) 與雨量 (mm)(X) 之迴歸關係 Y = 146800 + 2X。如果今年下公釐雨量，請問愛文芒果產量？　(A) 150000 噸　(B) 15000 噸　(C) 1500 噸　(D) 150 噸。

＊(　) 9. 以下那些是古典迴歸分析中的基本假設？　(A) 誤差項服從常態　(B) 誤差項彼此不相關　(C) 反應變數 Y 服從常態分配。

二、計算題

　　三年四班導師公佈月考數學成績，全班成績考得不理想。丸尾班代想知道是否因全班同學迷上把玩劍玉導致數學成績下滑，共詢問 10 位同學練習遊戲時間（分鐘）與數學月考成績（分數），資料如下：

練習劍玉時間（分鐘）	20	30	40	50	60	70	80	90	100	110
數學 (分數)	80	65	68	65	55	71	45	54	40	37

試回答下列問題：

1. 丸尾班代研究之自變數與因變數各爲何？

2. 請畫出散佈圖，約略可判斷自變數與因變數之關係？

3. 請找出迴歸方程式。

4. 由散佈圖形，判定迴歸線可用嗎？

5. 由迴歸式 ANOVA 的 F 檢定，判定迴歸線可用嗎？

6. 由對迴歸係數 β_1 的 t 檢定，判定迴歸線可用嗎？並解釋迴歸係數 b_1 之意義。

7. 由判定係數 γ^2 值，判定迴歸線可用嗎？

8. 請計算相關係數 γ，解釋相關係數的強度。

9. 由「$F_{\alpha=(1,n-2)}$ 值」與「$t_{(n-2)}$ 值」，你發現有什麼關係？

10. 假設有位同學玩劍玉時間爲 25 分鐘，則估計數學月考成績？

NOTE

NOTE

NOTE

國家圖書館出版品預行編目資料

統計學 / 傅懷慧.編著. -- 二版. --
新北市：全華.
2020.09
面 ； 公分
參考書目：面
ISBN 978-986-503-470-2 (平裝)
1.統計學
510   109012494

統計學(第二版)

作者 / 傅懷慧

發行人 / 陳本源

執行編輯 / 陳翊淳

封面設計 / 盧怡瑄

出版者 / 全華圖書股份有限公司

郵政帳號 / 0100836-1 號

印刷者 / 宏懋打字印刷股份有限公司

圖書編號 / 0826101

二版二刷 / 2023 年 9 月

定價 / 新台幣 490 元

ISBN / 978-986-503-470-2 (平裝)

全華圖書 / www.chwa.com.tw

全華網路書店 Open Tech / www.opentech.com.tw

若您對書籍內容、排版印刷有任何問題，歡迎來信指導 book@chwa.com.tw

臺北總公司(北區營業處)
地址：23671 新北市土城區忠義路 21 號
電話：(02) 2262-5666
傳真：(02) 6637-3695、6637-3696

南區營業處
地址：80769 高雄市三民區應安街 12 號
電話：(07) 381-1377
傳真：(07) 862-5562

中區營業處
地址：40256 臺中市南區樹義一巷 26 號
電話：(04) 2261-8485
傳真：(04) 3600-9806(高中職)
　　　(04) 3601-8600(大專)

得　分

全華圖書
統計學
教學活動
CH3　敘述統計的數值（常用統計符號與公式）

班級：＿＿＿＿＿＿＿＿＿
學號：＿＿＿＿＿＿＿＿＿
姓名：＿＿＿＿＿＿＿＿＿

活動一、『生活周遭人、事、物』的統計數值

量測對象：你關心的生活周遭人、事、物均可。譬如：

　　1.（人）班上同學的身高、體重、頭髮長、鼻子長等。

　　2.（人）打太極拳心跳、練瑜珈的心跳等。

　　3.（事）班上同學每週打工時數、每月支出等。

　　4.（事）麥當勞出餐等候時間、台鐵誤點時間等。

　　5.（物）燕巢芭樂重量、旗山香蕉長度、林邊黑珍珠甜度等。

　　6.（物）皮包中的錢金額、鞋子長度、眼鏡度數等。

準備工具：量重量的磅秤、量長度的尺、計時碼表、量甜度的糖度計。

記錄表單：至少記錄 30 筆資料。

統計數值：運用統計用工程計算機輸入計算：

　　1.集中趨勢：平均數、中位數、眾數

　　2.離散程度：全距、變異數、標準差、變異係數。

學習重點：本單元有下列學習內容

　　1.操作統計工程用計算機。

　　2.使用文書處理 Word 中方程式編輯器。

　　3.操作量測工具。

　　4.分辨母體資料與樣本資料。

　　5.正確使用母體母數與樣本統計量之符號、公式、數值與單位。

<table>
<tr><td>得　分</td><td>**全華圖書**
統計學
教學活動
CH4　機率與機率分配</td><td>班級：_____
學號：_____
姓名：_____</td></tr>
</table>

活動二、穩賺不賠的『擺攤活動』設計

發現問題： 7-11 超商常舉辦摸彩箱促銷活動，第二瓶折數有 9 折、6 折、5 折、0 元。摸彩箱內的機率分配為何？7-11 超商如何確定不會虧本？期望值 $E(X)$？

活動目地： 設計一個屬於自己的穩賺不賠的『擺攤活動』。

事前『武功秘笈』：設計活動的離散型機率分配與期望值$E(X)$。

事後『活動驗證』：計算活動試驗數據的樣本平均數 $\bar{X}$。

討論『期望值$E(X)$與樣本平均數 $\bar{X}$』之關聯，如何確實穩賺不賠？

準備工具： 自行設計好玩的機率活動道具。譬如：

武功秘笈： 寫出擺攤活動的機率分配與期望成本。

記錄表單： 至少有 300 位參 s 加擺攤活動試驗，記錄摸到獎項。

活動驗證： 計算所有參加擺攤活動試驗獎項之平均數 $\bar{X}$。

學習重點： 本單元有下列學習內容

1. 樣本空間與隨機變數r.v.X之對應。

2. 正確寫出自己設計的離散型機率分配與期望值$E(X)$。

3. 活動海報設計與行銷。

4. 討論事前期望值$E(X)$與事後樣本平均數 $\bar{X}$。

5. 撰寫穩賺不賠的『擺攤活動』報告。

活動三、台灣『重大事件』possion 機率值估算

發現問題：在一個固定時間內或固定範圍內，觀察某一特定事件發生的次數。譬如：

1. （時間）生命線每小時接到的電話數。

2. （時間）台灣每年自然災害發生的次數。

3. （時間）高雄市一天中發生的車禍次數。

4. （時間）校門口上班時段一個綠燈通過機車數。

5. （範圍）一片汽車烤漆的氣泡數目。

6. （範圍）一頁打錯錯字數目。

活動目地：關心生活周遭重大事件發生機率。

資料收集：蒐集次級資料或親自觀察。

學習重點：本單元有下列學習內容

1. 如何選取單位時間（Time）、面積（Area）、體積（Volume）或長度（Length）。

2. 如何進行蒐集次級資料或親自觀察。

3. 計算Possion λ。

4. 未來事件發生機率估算。

得　分		
	全華圖書	班級：＿＿＿＿＿＿
	統計學	
	教學活動	學號：＿＿＿＿＿＿
	CH8　$\overline{X}$抽樣分配與中央極限定理	姓名：＿＿＿＿＿＿

活動四、『中央極限定理』試驗

試驗設計：「母體」所有可能為數值為 10、20、30、40、50、60、70、80、90、
100。

「母體分佈」原則上N=100，各組自行決定分佈。各種分配最好均有組
別施作

		10	20	30	40	50	60	70	80	90	100
		\multicolumn{10}{c}{「母體分佈」所有數值}
均勻分佈：		10	10	10	10	10	10	10	10	10	10
右偏分佈：	**筆**	20	18	16	14	12	10	8	2	0	0
左偏分佈：	**數**	0	0	2	8	10	12	14	16	18	20
鐘型分佈：		0	5	10	15	20	20	15	10	5	0

道具製作：從生活日用品來製作道具。能充分攪拌為佳。拿垃圾桶或紙箱裝。

如：100個乒乓球，上面拿油性筆寫上「母體分佈」所有數值。

如：100根胖吸管，剪成適當大小，上面拿油性筆寫上「母體分佈」所
有數值。

試驗狀況：共有 2 種。樣本 n=2 與 n=30

組員分工：每 1 組 3 人。

1人負責抽樣並唸出數字，1人負責按計工程計算機，1人負責做記錄

試驗記錄：A4 紙，劃「母體分佈」、「n=2」、「n=30」。

試驗過程：共填 3 頁表單，如下：

第1表單：記錄100個乒乓球上數字分佈，即「母體分佈」。

第2表單：從100個乒乓球隨機抓2顆，標記平均數於1格，放回2顆。再
從100個乒乓球隨機抓2顆，再標記平均數於格中，放回2顆，反覆此動
作100次。

第3表單：從100個乒乓球隨機抓30顆，標記平均數於1格，放回30顆，再從100個乒乓球隨機抓30顆，再標記平均數，放回30顆。反覆此動作100次。

試驗討論： 1. 每組將表單 1、2、3 黏成一長條，全部長條張掛在教室黑板，觀察下列重點。

2. 母體分佈中心點與 $\bar{x}$ 抽樣分佈中心點是否同一位置。

3. $\bar{x}$ 抽樣分佈的變異數是否隨樣本越多而變小，即資料散佈愈集中。

4. 討論是否觀察到「中央極限定理」現象。

（請沿虛線撕下）

X 分布圖

母體 N = 100

（請沿虛線撕下）

樣本 n = 2

X̄ 分布圖

5　10　15　20　25　30　35　40　45　50　55　60　65　70　75　80　85　90　95

（請沿虛線撕下）

$\bar{X}$ 分布圖

樣本 n = 30

得　分

班級：＿＿＿＿＿＿

學號：＿＿＿＿＿＿

姓名：＿＿＿＿＿＿

活動五、『大小青蛙跳遠比賽』兩個母體平均差的推估

活動目地：回憶童年折紙青蛙比賽，順便推估大小青蛙跳遠距離平均差的信賴區
間。

準備工具：準備相同紙質折紙大小各一張。大張紙折大青蛙，小張紙折小青蛙。

圖解折紙青蛙：

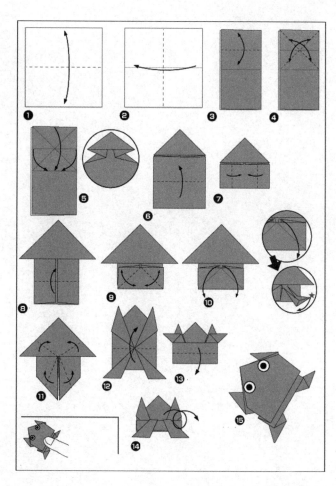

資料收集：親自試驗大小青蛙跳遠至少各 30 次以上、量測、記錄與計算 $\mu_B - \mu_A$ 的信賴區間。

學習重點：1. 推估母體參數 $(\mu_A - \mu_B)$ 的 CI，對應至「樣本統計量 $(\bar{X}_A - \bar{X}_B)$ 之抽樣分配」。

2. 活用「中央即限定理」。

3. 何時用Z分配？何時用t分配？

<table>
<tr><td rowspan="2">得 分

</td><td>**全華圖書**
統計學
教學活動
CH19　兩個母體變異數($\frac{\sigma_A^2}{\sigma_B^2}$)的假設
　　　　檢定</td><td>班級：_____

學號：_____

姓名：_____</td></tr>
</table>

活動六、『男生女生食量 PK 賽』兩個母體平均差的檢定

活動目地：透過男生女生食量 PK 賽，來驗證『男生天生食量比女生大』的刻版印象是否為眞？

準備工作：1. 前一天正常飲食，不能刻意暴飲暴食或挨餓。

　　　　　　2. 全班一起準備相同餐點（麵包、PIZZA、綠豆湯、…）均可。

食量 PK 賽：每位同學自由取自己通常食量的餐點分量。

記錄表單：1. 男生、女生均須超過 30 位（因為需套用中央極限定理）。

　　　　　　2. 食用前先將餐點過磅，並記錄其性別、餐點重量。

學習重點：1. 母體參數 $\mu_A - \mu_B$ 的 HT，需要樣本統計量 $\left(S_A^2 / S_B^2\right)$ 與 $\left(\bar{X}_A - \bar{X}_B\right)$ 之抽樣分配。

　　　　　　2. 先進行「σ_A^2 / σ_B^2 的 HT」；再運用檢定結果繼續進行「$\mu_A - \mu_B$ 的 HT」。

　　　　　　3. 何時用 Z 分配？何時用 t 分配？

　　　　　　4. 何時用 S_{pool}^2？此時 t 分配的 $df = ?$

　　　　　　5. 不用 S_{pool}^2 時？S_A^2 代入 σ_A^2，S_B^2 代入 σ_B^2 此時 t 分配的 $df = ?$

歡迎加入 全華會員

● 會員獨享

會員零購書折扣、紅利積點、生日禮金、不定期優惠活動…等。

● 如何加入會員

掃 QRcode 或填妥交讀者回函卡直接傳真 (02) 2262-0900 或寄回，將由專人協助登入會員資
料，待收到 E-MAIL 通知後即可成為會員。

如何購買 全華書籍

1. 網路購書

全華網路書店「http://www.opentech.com.tw」，加入會員購書更便利，並享有紅利積點
回饋等各式優惠。

2. 實體門市

歡迎至全華門市（新北市土城區忠義路 21 號）或各大書局選購。

3. 來電訂購

(1) 訂購專線：(02) 2262-5666 轉 321-324
(2) 傳真專線：(02) 6637-3696
(3) 郵局劃撥：（帳號：0100836-1　戶名：全華圖書股份有限公司）
※ 購書未滿 990 元者，酌收運費 80 元。

OpenTech.com.tw 全華網路書店

全華網路書店 www.opentech.com.tw
E-mail: service@chwa.com.tw

※ 本會員制如有變更更則以最新修訂制度為準，造成不便請見諒。